FRANZ WEISS GOTTES BLUT



*«So wie Gott jene Häuser in Aegypten, die mit dem Blute des Lammes bestrichen waren, vor Gottes Zorn bewahrte, so werden noch mehr jene dem göttlichen Zorn entgehen, die mit besonderer Andacht das Blut des Erlösers verehren.»*

*Pius IX. im Dekret zur Einsetzung des Festes vom Kostbaren Blut*

VIA·VERITAS·VITA

Christus verblutet am Kreuz
Skulptur von Innocenzo da Palermo, 1630,
Kirche San Damiano, Assisi

FRANZ WEISS

# GOTTES BLUT

Wunder,
die die Welt nicht leugnen kann

Mit einem Vorwort
von Prälat Robert Mäder

CHRISTIANA-VERLAG STEIN AM RHEIN

Herausgeber und Bildteil: Arnold Guillet

Gemäss dem Dekret von Papst Urban VIII. erklärt der Verfasser, dass die in diesem Buch geschilderten Ereignisse und Wunder nur menschliche Glaubwürdigkeit beanspruchen und dem Urteil der Kirche vorbehalten bleiben.

*Bildlegenden und Fotonachweis:*

1. Umschlagseite: Tassilokelch, vergoldeter Kupferkelch mit Emaileinlagen (8. Jh.), gestiftet vom Bayernherzog Tassilo III. (748/788) an das Kloster Kremsmünster.
Seite 2: Foto Alinari, Rom.
Seite 150: Gemälde vom Schweizer Maler Jakob Häne, Berg-Verlag, Kirchberg/St. Gallen.
Seite 191: Foto Hans Martin, Rebstein.
4. Umschlagseite: Altes spanisches Muttergottesbild in der Pfarrei S. Giovanni dei Cavalieri, Via S. Gallo 66, Florenz, das am 8. September 1969 zu bluten begann.
Übrige Fotos, bei denen nichts anderes vermerkt ist, stammen aus dem Foto-Archiv Christiana.

2. Auflage 1988: 11.—20. Tausend.

Druck: Atelier 14, CH-9445 Rebstein
Printed in Switzerland

CIP-Titelaufnahme der Deutschen Bibliothek

Weiss, Franz

Gottes Blut: Wunder, d. d. Welt nicht leugnen kann / Franz Weiss / 2. Aufl., 11.—20. Tsd. / Stein am Rhein: Christiana-Verl., 1988.

ISBN 3-7171-0602-3

# INHALTSVERZEICHNIS

*Wenn Jesus seinem Leibe nach unter uns geblieben wäre, dann hätten wir die Augen des Fleisches den Augen des Herzens vorgezogen. Aber er wusste, welche Augen besser sind; darum entzog er sich unseren fleischlichen Augen, um in den Augen unseres Herzens den Glauben zu wecken. Es ist ja viel wichtiger, an Jesus Christus zu glauben, als ihn allzeit dem Leibe nach vor sich zu haben . . . Wenn wir glauben, dann ist er in den Augen des Geistes gegenwärtig . . . Darum darf niemand darüber traurig sein, dass er zum Himmel aufgestiegen ist und uns verlassen hat. Er ist bei uns, wenn wir nur glauben. Seine Wohnung in deinem Innern ist viel wirklicher, als wenn er draussen vor deinen Augen stände. Wenn du glaubst, ist er in dir. Wenn du Christus in deinem Herzen empfangen würdest, dann wäre er doch auch bei dir. Wohlan, du nimmst ihn in dein Herz auf: sollte er da nicht bei dir sein?*

*Augustinus*

# *Jesu Blut — Kreislauf der Liebe*

*Jesus, gib mir Deine Hand,*
*dann spüre ich Dein Blut;*
*es kommt von Deinem Herzen,*
*es führt zu Deinem Herzen.*

*Von Deinem Herzen kommt Deine Liebe,*
*zu Deinem Herzen drängt meine Liebe.*
*Denn ich liebe Dich, Jesus,*
*mehr als die andern,*
*mehr als mich selbst.*
*Jesus, Sohn Gottes, lass auch die andern*
*teilhaben am Kreislauf Deiner Liebe.*

*Dein Blut verbinde sie, reinige sie,*
*erwärme sie, erlöse sie –*
*denn Dein kostbares Blut, o Jesus,*
*ist der Preis unserer Erlösung,*
*ist das Lösegeld für unsere Schuld,*
*ist die Morgenröte unserer Hoffnung,*
*ist das Unterpfand unserer zukünftigen Herrlichkeit.*

*Arnold Guillet*

# *Die Quelle in der Wüste*

*Die Araber, als Wüstensöhne bekannt, unter denen der Verfasser dieser Zeilen acht Jahre lang in der Stadt Jerusalem wohnte, sagen, in der Wüste gebe es neben Mord und Diebstahl noch ein drittes Verbrechen, nämlich irgendwo eine Wasserquelle wissen und sie dem Bruder nicht verraten. Es fliesst in der Wüste des Lebens eine Quelle, die viel kostbarer ist als eine Wasserquelle in den Wüsten des Orients. Sie fliesst in unserer Kirche und kann nie ausgeschöpft werden: die Quelle des Kostbaren Blutes Jesu Christi.*
*Von dieser Quelle wissen und sie niemandem zeigen, das würde ich für eine unverzeihliche Unterlassungssünde halten. Denkt an den Spruch der Araber. Täglich sterben viele an seelischem Durst. Es gibt nur eine einzige Rettung für sie: JESU BLUT.*

*Dr. Josef Gorbach in seiner Schrift «Unsere einzige Rettung»*

# *Vorwort*

von Prälat Robert Mäder, Basel

Jesus war einst mit Seinen drei Lieblingsjüngern auf dem Berge Tabor. Der Heiland wurde verklärt. Sein Angesicht leuchtete wie die Sonne. Die Kleider waren weiss wie der Schnee. Die zwei Vertreter des Alten Bundes, Moses und Elias, erschienen und redeten mit Ihm. Diese Szene auf dem Tabor ist keine blosse fromme Unterhaltung. Sie ist getragen von furchtbarem Ernste. Sie beschäftigt sich mit dem kommenden Blutdrama von Golgatha. Die Apostel können sich in die Notwendigkeit des Leidens nicht recht hineindenken. Petrus hat sechs Tage früher in seiner lebhaften Art Jesus erklärt: Das darf nicht sein! Heute will er, um nicht auf den Kalvarienberg steigen zu müssen, drei Hütten bauen für ruhige Beschauung. Das Evangelium bemerkt dazu: Petrus wusste nicht, was er sagte. Die Idee des Opfers und seine absolute Notwendigkeit ist ihm noch ein Geheimnis.
Sind wir heute nach 1900 Jahren Christentum weiter als damals? Verstehen wir das Geheimnis des Opfers und seine unbedingte Notwendigkeit zur Rettung der Welt? Verstehen wir das Zentralgeheimnis des Neuen Testamentes, das sich täglich auf unseren Altären erneuert? Begreifen wir, dass der Tabor, der Berg der Verklärung, nur eine kurze Ruhepause sein kann, keine dauernde Seelenheimat, und dass im Gegenteil der Berg des Kostbaren Blutes der Ort ist, wo echtes starkes Christentum sich Hütten bauen muss zum Wohnen. Wir werden das in dem Masse als Christ verstehen, als wir das verstehen und geistig miterleben, was sich täglich auf unseren Altären vollzieht und was wir Messe nennen.
Was ist die heilige Messe? Das gegenwärtige Golgatha. Der wichtigste Tag der Weltgeschichte ist der Karfrei-

tag. Die wichtigste Stunde der Weltgeschichte ist die Todesstunde Jesu. Von dieser Stunde hängt das Heil der Welt ab für Jahrtausende. Was machte Christus am Kreuze? Er hielt von 12 Uhr bis 3 Uhr Gottesdienst. Gottesdienst als Vertreter des gesamten Menschengeschlechtes. Gottesdienst der Anbetung und der Hingabe bis zum letzten Tropfen Blut. Bis zur letzten Faser Seiner Natur, bis zum letzten Atemzug. Anerkennung der allerhöchsten Herrschaftsrechte und Eigentumsrechte Gottes. Gottesdienst der Sühne und Genugtuung für alle Sünden der Welt. Er trug unsere Krankheiten. Er lud auf sich unsere Schmerzen. Er wurde verwundet um unserer Missetaten willen (Is. 53). Gottesdienst des Flehens und Aufschreiens um Erbarmung.

Dieser dreistündige Heilig-Blut-Gottesdienst des gekreuzigten Opferpriesters Christus machte im Himmel einen solchen Eindruck, dass Gott beschloss, um dieses Opfers willen den Menschen ihre Sünden wieder zu vergeben und sie zur ewigen Seligkeit zuzulassen. Die Menschheit war erlöst. Es ist klar, dass dieses wichtigste Ereignis zwischen Erschaffung und Weltgericht, das immerwährend vor Gottes Auge steht, auch auf Erden nicht vergessen werden darf. Die Erinnerung an das Kreuzesopfer wird sofort lebendig erhalten in allen Kirchen und Familien, in den katholischen Gegenden auch an den Strassen und auf den Bergen, durch das blutige Kurzifix, das erhabene Zeichen der Erlösung.

Allein das blutige Kruzifix, so bedeutungsvoll es ist, genügt nicht. Das Kurzifix ist nicht Christus. Es ist nur Sein Bild. Die Welttatsache «Kreuzesopfer» darf aber nicht bloss in Bildern weitersprechen. Sie soll und muss weiterleben. Christus, das Blutopfer als Heil der Welt, muss in gewissem Sinn unsterblich und allgegenwärtig fortdauern, als das grosse Unvergessliche bis zum Weltgericht. Das ist der Zweck der katholischen

Messe. Die katholische Messe ist in ihrem innersten Wesen Andenken, Erneuerung und lebendige Darstellung des blutigen Golgathadramas. Testamentsvollstreckung des letzten Willens Jesu durch die von ihm bestellten Priester. Ausführung des Christuswortes: «Tut dies zu meinem Andenken!» Opfert Christi Opferleib und Opferblut! Opfert den durch die Wandlung gegenwärtig gewordenen Heiland Gott auf! Wer zur Messe geht, geht nach Golgatha. Messe ist in der Wandlung wiederholter Karfreitagsgottesdienst. Wer während der Messe nicht geistig sich auf dem Kalvarienberg unter dem Kreuze fühlt, weiss nicht, was katholischer Gottesdienst ist.

Was ist Messe? Ein Blutstrom. Alle Gnaden kommen vom Kreuz. Das Kreuz ist die Zentrale aller Gnaden. Die Gnade Gottes ist uns durch Jesus Christus unseren Herrn geschenkt worden. Wir sind erlöst durch das kostbare Blut. Oberster Glaubenssatz des Christentums!

Aber die Gnaden, die in dem Herzen Jesu wie in einem Reservoir aufbewahrt werden, bedürfen eines Kanals, durch den sie den Menschen zugewendet werden. Dieser Gnadenkanal des Kostbaren Blutes ist beim Letzten Abendmahl eingesetzt worden. Es ist der unter der Gestalt des Brotes gegenwärtige Leib des Herrn, der für uns hingegeben wird. Es ist das unter der Gestalt des Weines lebendige Blut Christi, das für uns vergossen wird. Es ist die Messe. Das Pauluswort: «Ohne dass Blut fliesst, keine Vergebung der Sünden», gilt, solange es Menschen auf der Erde gibt. Die Messe ist das wirkliche, wenn auch unsichtbare geheimnisvolle Blut der Wunden Christi. Die Messe ist mehr als Limpias. Limpias ist nur das Bild. Die Messe ist die Wirklichkeit, der opfernde, blutende, betende, gnadenspendende Christus.

Weil die Messe der opfernde, blutende, gnadenspendende Christus ist, sobald der Priester die Wandlungsworte gesprochen hat, kann man sagen: Alles Heil hängt von der heiligen Messe ab. Ohne die Messe können wir nichts tun. Ohne die Messe würde der Gnadenstrom des Kreuzes versiegen. Ohne die Messe kein Fliessen des Kostbaren Blutes. Ohne die Messe keine Sündenvergebung. Ohne die Messe keine Gnade. Ohne die Messe keine Heiligkeit. Ohne die Messe keine ewige Seligkeit. Alles hängt von der Messe ab, weil alles von Christus, dem Opfer, abhängt und die Messe Christus, das Opfer, ist. Die Messe ist der grosse Gnadenkanal der Christenheit. Wir leben von der Messe.

Es gibt allerdings im ganzen sieben Gnadenleitungen, die wir Sakramente nennen: Taufe, Firmung, Busse, Kommunion, Ölung, Priesterweihe, Ehe. Aber diese Gnadenleitungen sind schliesslich nur Kanäle, die aus dem Reservoir der heiligen Messe ihre Nahrung schöpfen. Von dem auf den Altären opfernden Christus. Die Hauptsache in der Rettung der Menschheit ist das immerwährende Fliessen des Kostbaren Blutes durch die heilige Messe.

Wir wollen unsere Folgerungen daraus ziehen. Wir wollen in der heiligen Messe unser Höchstes sehen, das Herz unseres Glaubens. Wir wollen sie, weil sie das Herz des Katholizismus ist, mehr schätzen als alles andere, was die Kirche uns bietet. Die Kirche ist reich an Andachten. Aber über allen Andachten steht die heilige Messe, das Opfer Christi, der Gottesdienst vom Kostbaren Blute.

Prälat Robert Mäder

# *Einleitung*

Wir leben in einer apokalyptischen Zeit. Überall zeigt sich «Glaubenszersetzung und Selbstzerstörung der Kirche» (Paul VI.). Der mystische Leib Christi — die heilige Kirche — wird von Judassen bedrängt und verdunkelt (Apk. 17, 4—6). Christus wird wiederum gekreuzigt, das »Blut des Gottessohnes tropft nieder» (Jo. 19, 34—36; Luk. 22, 44). Gott wird Christi Blut von denen fordern, die nicht an ihn glauben (Polykarp ad Philipp 2, 2). Gott lässt seiner nicht spotten.

Als der heilige Gaspare del Bufalo († 1837) während einer Volksmission in Civitanova über das Kostbare Blut predigte, mokierte sich darüber ein sittenloses Weib; es wurde augenblicklich von einem jähen, schrecklichen Tod ereilt. Ebenso starb in Ascoli ein Sektierer eines plötzlichen Todes, nachdem er den Heiligen bei der Verkündigung der Andacht zum Kostbaren Blut beschimpfte.

Der heilige Gaspare del Bufalo, der schon vor hundert Jahren die heutigen Katastrophen prophetisch voraussah, sagte, dass denjenigen Barmherzigkeit zuteil werde, welche das Kostbare Blut besonders verehren, sobald die göttlichen Strafgerichte die verdorbene Menschheit züchtigen. In der heutigen ausweglosen Angst und Not kann nur mehr Christi Blut Rettung bringen; es ist das einzig wirksame Schutzmittel.

Der Apostel Paulus mahnt (10, 28—30): «Wer von Christus abfällt, sein Blut gering achtet und der Gnade Gottes widersteht, für den gibt es kein Sühnopfer mehr, sondern die Schrecken des Todes und die Qualen des Feuers harren seiner.» Die den Leib entehren und schänden durch Unzucht und schamlose Mode, entehren das Kostbare Blut Christi.

Und der heilige Augustinus sagt: «Das Blut Christi ist

Rettung für den, der will! Für den, der selbst nicht will, der Tod!»

Der heilige Gaspare del Bufalo hielt an manchen Tagen 16 Predigten über das Kostbare Blut. Bereits die heilige Katharina von Siena, Kirchenlehrerin, trat vor Könige, Bischöfe, Kardinäle und Päpste, um sie zum Lobpreis und zur Aufopferung des hochheiligen Blutes zu begeistern: «Wenn wir Jesu Blut verehren, werden wir eingeschrieben in das Buch des Lebens und der Gesellschaft der bösen Geister entrissen. Keine Angst und kein teuflischer und menschlicher Kampf wird uns schaden können. — Wundert Euch nicht, wenn ich Euch um nichts anderes bitte, als dass ihr euch in das Blut und in das Feuer der Seite des Gottessohnes versenkt. Das Blut beginnt zu fliessen und Leben zu empfangen.»

Magdalena von Pazzis sagte: «Jedesmal, wenn ein Mensch dieses Blut, durch das er erkauft worden ist, aufopfert, bringt er eine Gabe von unendlichem Wert dar.» Und der heilige Pfarrer Johannes Vianney pries die Kraft des Blutes Christi: «Jedesmal, wenn ich eine Gnade erhielt, habe ich sie erhalten, indem ich das Kostbare Blut durch die allerseligste Jungfrau dem Vater aufopferte.»

Der Sühnetod, der Liebestod für die Menschheit, erfolgt durch die Vergiessung des göttlichen Blutes. Diesen Preis des Loskaufes bietet Christus jedem, der gesündigt hat, von neuem an. — Welche Welten von Güte und Barmherzigkeit tun sich vor uns auf, wenn wir mit Gottes Gnade versinken in die Abgründe und Wunder des Blutes Christi.

Der erste Papst, der heilige Petrus, schrieb an die kleinasiatischen Christen: «Ihr wisset, dass ihr nicht mit vergänglichen Gütern, mit Silber und Gold, von eurem törichten, von den Ahnen überkommenen Wandel losgekauft wurdet, sondern durch das ‚kostbare Blut' Christi, dieses makellosen und unbefleckten Lammes»

(1 Petr. 1, 18). Wenn zwei Blutsbruderschaft schliessen, lassen sie von ihrem Blut in einen Becher rinnen, woraus beide trinken. Eine unvergleichliche heilige Blutsbruderschaft verbindet den Katholiken in der heiligen Kommunion mit seinem ewigen König: Sein Kommuniontag ist sein Krönungstag. Wer den Kelch des Königs trinkt, den lässt Er mit seinen Aposteln in seinem Reiche thronen. — Immer bleibt es ein Geheimnis, warum Gott seine Freunde selbst so liebt, dass Er sie an seinem Herzen ruhen lässt.

In der bildenden Kunst wird Johannes mit einem Kelch dargestellt. Der Kelch mit dem Blut Christi ist das Symbol der innigsten Gemeinschaft mit Jesus. Möge der Apostel Johannes allen Menschen eine glühende Gottesliebe, die alle Begriffe übersteigt, am Throne Gottes erbitten.

Kardinal Michael von Faulhaber sagte in seiner Predigt über das Kreuzesopfer im Liebfrauendom zu München am 2. November 1941: «Als ein Opfer ist Christus am Kreuz gestorben; eine Opferkerze am Kandelaber des Kreuzes. Er war ein Opfer bis zum letzten Blutstropfen. Eine blutige Hostie, schwebend zwischen Himmel und heiliger Erde. In unserer heiligen Messe ist nun das Kreuzesopfer Christi für alle Zeiten verewigt. Das Kreuzesopfer wird erneuert vom Aufgang bis zum Niedergang der Sonne, Tag für Tag. — Da soll auch der Kelch mit dem Opferblut des Lammes auf den Altären erhoben werden. — Noch steht das Kreuz in unserem bayrischen Oberland, auf den Feldwegen und auf unseren Bergen; noch leuchtet es von den Stirnen der Gefirmten. Wir werden Wache halten am heiligen Kreuz.»

«Christentum ist der unter uns unsichtbare, aber wirklich fortlebende Jesus. Katholisch sein heisst, durch den Glauben, die Hoffnung und die Liebe mit dem unsichtbar gegenwärtigen Heiland — dem Weg, der Wahrheit und dem Leben (Jo. 14, 6) — in lebendiger

Verbindung stehen. Deswegen ist dort, wo Jesus in der Hostie nicht gegenwärtig ist (bei der modernistischen Interkommunion) und kein lebendiger Verkehr mit ihm stattfindet, kein lebendiges Christentum.» — Wie wird heute das Blut Christi entehrt, ja mit Füssen getreten (Verunehrung durch die Handkommunion). Jesu Blut wird durch die schwere Sünde geschändet. Wer Jesu Blut nicht mehr unterscheidet, für gewöhnlich erachtet, über den kommt das Gericht. Wie notwendig ist gerade heute die Aufopferung des Blutes Christi zur Versöhnung des Vaters. Darauf weist der Völkerapostel Paulus im Brief an die Römer hin (3, 25): «Christus Jesus, den Gott dargestellt als blutiges Sühneopfer». Damit wird der gläubige Mensch blutsverwandt mit Gott, dem höchsten Wesen. Es ist die Quelle der sittlichen Kraft und Heiligung, die in das Reich der Herrlichkeit Gottes führt.

Die göttliche Gerechtigkeit fordert Sühne. Pater Pio sagt: «Für alles muss bezahlt werden.» Die Erlösung der Menschheit von Sünde und Schuld ist ein Loskauf. Deshalb spricht die Heilige Schrift immer wieder von Erlösung durch Christi Blut. «Er hat uns befreit aus der Macht der Finsternis und in das Reich seines geliebten Sohnes versetzt. In ihm haben wir die Erlösung durch sein Blut» (Kol. 1, 13—14). «Wenn wir aber im Lichte wandeln, wie auch er im Lichte seines Sohnes, haben wir Gemeinschaft miteinander, und das Blut Jesu Christi, seines Sohnes, macht uns rein von aller Sünde» (Erster Johannesbrief 1, 7).

Prälat Dr. Josef Gorbach schreibt: «Noch nie hatte das Apostelwort eine so grosse Mission bei allen Völkern zu erfüllen, wie in unserer heutigen, am Rande des Abgrundes stehenden Welt: «Ihr seid um einen teuren Preis erkauft, aus allen Stämmen, Völkern und Nationen.» Gottes Sohn vergoss für uns sein Blut im Garten Gethsemane am Ölberg: «Sein Schweiss ward wie Tropfen Blutes, das zur Erde niedertropfte» (Luk. 22,

44). Pontius Pilatus liess ihn im Gerichtshaus «geisseln und mit Dornen krönen» (Mt. 27, 26—27). Das Erlöserblut floss auf dem Kreuzweg und bei der Kreuzigung auf Golgatha. — (Ein Eisennagel von der Kreuzigung Christi wird als kostbare Reliquie in der Kirche Santa Croce zu Rom verwahrt.)

Das Gottesblut, das am Karfreitag am Kreuzesstamm niedertropfte, fliesst bis ans Ende der Zeiten bei jedem heiligen Messopfer zum Seelenheil der Menschen. Da heute bei der Modernisierung der Messe der wahre Opfercharakter zurückgedrängt und vielfach zu einem blossen Gemeinschaftsmahl umfunktioniert wird, muss hier mit Nachdruck auf die warnenden Worte von Papst Pius XII. hingewiesen werden: «Vom Weg der Wahrheit weicht ab, wer das heilige Opfer nur feiern will, wenn das christliche Volk zum Tisch des Herrn hinzutritt; noch mehr ist im Irrtum, wer — um es als unbedingte Notwendigkeit hinzustellen, dass die Gläubigen zusammen mit dem Priester das eucharistische Mahl empfangen — arglistig behauptet, es handle sich hier nicht um ein Opfer, sondern zugleich um ein Opfer und ein Mahl der brüderlichen Gemeinschaft, und es sei die gemeinschaftlich empfangene Kommunin sozusagen der Höhepunkt der ganzen Opferfeier» («Mediator Dei»).

Während seiner Exerzitien am 12. August 1961 schrieb Papst Johannes XXIII. die denkwürdigen Worte nieder: «Oft muss ich wieder an das Geheimnis des Kostbaren Blutes Jesu denken, dessen Verehrung ich als Papst sofort anzuregen unternahm, als Ergänzung der Verehrung des Namens Jesu und des Herzens Jesu. Ich gestehe, es war eine unerwartete Eingebung für mich. Die Verehrung des Kostbaren Blutes habe ich als Knabe, fast als kleines Kind, noch kennengelernt. O geheiligte und gesegnete Erinnerung an meine Jugendzeit! Wie leuchtet sie mir köstlich auf am Abend meines Lebens!»

Wie Simeon im Tempel, schon angeschienen vom Morgenschimmer der Ewigkeit, hält er bei der Wandlung das Jesuskind, das Heil der Welt, in Händen. — Zweifellos war die Andacht zum Kostbaren Blut für Johannes XXIII. der Grund, warum er sein Priestertum heiligmässig betätigte. «Wo die Heiligkeit fehlt, stellt sich unausweichlich die Verderbnis ein!» (Worte des heiligen Papstes Pius X. an die Priester.) Durch die Verehrung, Anbetung und Aufopferung des göttlichen Blutes öffnen wir das Tor zu unserem Herzen, damit Gott darin in jeder Lebenslage im Heiligen Geist siegt, herrscht und regiert. — Der grosse Kirchenlehrer Johannes Chrysostomus versichert: «Dieses heilige Blut besitzt die Kraft, die bösen Geister in die Flucht zu schlagen.»

Wie einst Gott das sittenlose, gottferne Volk durch Noe warnte und dann bei des Volkes Unbussfertigkeit die Strafe Gottes — die Sintflut hereinbrach, so ist auch die heutige moralisch verdorbene und im Glauben entwurzelte Gesellschaft nicht ohne Warnung. Ehe der Tag des Herrn, die Parusie kommt, «wandelt sich die Sonne in Finsternis und der Mond in Blut».

Der Priester ist in erster Linie «Seelsorger» und nicht «Sozialfunktionär». P. Lallemant: «Gott wird mehr verherrlicht durch unsere innige Liebe zu ihm, als durch alles Gute, das wir an einer Anzahl von Menschen zum Nachteil unseres eigenen Fortschritts gewirkt haben. Gott, der sich um die Leitung eines Herzens, in dem er herrscht, inniger bemüht als um die Regierung aller weltlichen Königreiche, will diese Ordnung und Harmonie in unserem Eifer.» «Jesus liess auch sein Herz öffnen und daraus unter den Zeichen von Blut und Wasser den Heiligen Geist — die persönliche Liebe — hervorströmen, damit wir unter diesem Zeichen die sich mitteilende göttliche Liebe erkennen . . . ‚dass Gott die Liebe ist'» (1 Jo. 4, 16). Universitätsprofessor Dr. Joseph Ratzinger.

Die heilige Kirchenlehrerin, Katharina von Siena, sieht die Erneuerung der Priester in Verbindung mit dem kostbaren Blut Jesu. Das heilige Blut ist ein Hinweis auf den Ewigen Hohenpriester und sein Opfer, an dem Anteil nehmen muss, wer Jesus Christus in Wahrheit priesterlich vertreten will. «Wer Christus auf Erden, der Christus im Himmel vertritt, nicht gehorcht, der nimmt am Blute des Gottessohnes nicht teil», d. h.: Wer den Felsen Petri, den Primat des Papstes, den Stellvertreter Christi ignoriert, der steht ausserhalb der von Christus gestifteten Kirche.

In dieser schicksalsschweren Stunde, in der Pseudo-Theologen nichts Besseres zu tun haben, als durch dauernde Experimente in Schriftauslegung und Liturgie das Volk zu verunsichern, gibt Gott Zeichen. Die römische Zeitschrift «Vigilio Romana» berichtet im April 1971 von einem mystischen Sturmläuten seit 1. November 1970 in der Kirche von Carpegna, 30 km südlich von Rimini (Italien).

Eines Morgens fand der Pfarrer, als er in die Kirche kam, den Altar hergerichtet: Kelch, Manipel, Schultertuch, römisches Messgewand, Missale des heiligen Papstes Pius V. aufgeschlagen. Dies geschah an vier aufeinanderfolgenden Tagen. Nach eingehender Untersuchung entdeckte der Pfarrer, dass all diese Gegenstände schon lange in einem Schrank verschlossen waren, und zwar seit der Zeit, da man (seit November 1969) die «Neue Messe» feiert. Mit Bestürzung stellte man fest, dass der Schlüssel zum Schrank nicht auffindbar war. Einmal war der Altar von unsichtbarer Hand für eine Seelenmesse zugerichtet. Nun erinnerte sich der Pfarrer, dass ein Gläubiger eine Seelenmesse lesen lassen wollte, worauf er antwortete, dass «es nicht nötig sei für Tote zu beten». Die Glocken läuten jetzt jedesmal von selbst, wenn jemand stirbt; man hört sie aus weiter Ferne.

Eines Tages fanden die Klosterbrüder auf dem Altar

einen handgeschriebenen Zettel: «Nolite obdurare corda vestra!» (Verhärtet eure Herzen nicht!) Es ist ein Teil des 94. Psalmes. «Heute, da ihr seine Stimme hört, verhärtet eure Herzen nicht ... Sie haben meine Wege nicht erkannt, so schwur ich in meinem Zorne: Wahrlich, nicht sollen sie in meine Ruhe gelangen.» Offensichtlich sprechen die Worte alle im Gewissen an, welche die Liturgiereform fälschen. Bald wurde auf dem Altar nebst den Eindrücken einer Hand und einem in Latein beschriebenen Zettel: «In die judicii» (am Tage des Gerichtes) ein blutbefleckter Kelch vorgefunden. — Die Prophezeiungen von La Salette und Fatima scheinen sich zu verwirklichen. Die nicht wegzuleugnenden Tatsachen in Carpegna fanden starkes Echo in der Weltpresse.

Diese erschütternde Begebenheit kann man erst so recht verstehen, wenn man die Schlussworte der Promulgationsbulle des «Missale Romanum» von Pius V., dem grossen heiligen Papst der Gegenreformation, liest: «Wenn jemand sich herausnehmen sollte, dies anzutasten, so soll er wissen, dass er den Zorn des allmächtigen Gottes und seiner Apostel Petrus und Paulus herausfordert.» In der XIII. Sitzung erklärte das Konzil von Trient u. a.: «... das Unkraut fluchwürdiger Irrlehren mit Stumpf und Stil auszurotten, die ein feindseliger Mensch ... in der Glaubenslehre hinsichtlich Verehrung der hochheiligen Eucharistie dazwischengesät hat ..., die noch dazu unser Erlöser in seiner Kirche als Zeichen ihrer Einheit und Liebe hinterlassen hat.» An den Glauben von Trient ist das katholische Gewissen für immer gebunden und mehr denn je gelten in unserer furchtbaren Krisis die Vorschriften des Konzils von Trient nach den Warnungen des Apostels (1 Tim. 6, 20): «Bewahre treu das überlieferte Gut und gehe dem gottlosen Gefasel der Neuerer aus dem Weg. Einige liessen sich davon verführen und sind vom Glauben abgefallen.» Dazu erklärt Prof. Dr. Ratzin-

ger: «Die (gereinigte) Kirche wird in Glaube und Gebet wieder ihre eigentliche Mitte erkennen und die Sakramente wieder als Gottesdienst, nicht als Problem liturgischer Gestaltung erfahren.»
Wer die Vergangenheit verleugnen will, der fühlt sich ihr entweder nicht gewachsen oder von ihr verfolgt. — Der Priester hat die verantwortungsvolle Aufgabe, zur Ehre Gottes und zum Heil der Seelen zu wirken, damit die ganze Menschheit, für die das Gottesblut geflossen ist, gerettet und ewig glückselig werde. Im unantastbaren Kanon sind die Einsetzungsworte Christi für alle Zeiten festgehalten: «Hic est enim Calix Sanguinis mei, novi et aeterni testamenti: mysterium fidei: qui pro vobis et pro multis effundetur ... Das ist der Kelch meines Blutes, des neuen und ewigen Bundes — Geheimnis des Glaubens — das für euch und für viele vergossen wird.» Diese Worte des Herrn sind wie ein Adelsdiplom. Jeder Mensch ist ein Ebenbild Gottes, hat ein persönliches Geheimnis mit seinem Schöpfer, der ihn in Sein Reich beruft. Wenn auch die irdische Gestalt durch die Erbsünde oft bis zur Unkenntlichkeit entstellt ist, so soll der Mensch nie vergessen, dass er durch Christi Blut um einen teuren Preis erkauft wurde.
Und da gibt es heute Priester, die an ihre Sendung und die Verwandlung in das Blut Christi beim heiligen Messopfer nicht mehr glauben. Darauf sagte die Gottesmutter am 13. Oktober 1958 in Kerizinen (Bretagne): «Nie, zu keiner Zeit der Geschichte, hat man eine solche Auflehnung gegen Gott gesehen. — Aber Gott ist zurückgekommen, mit bewaffneter Hand, schlagend und reinigend, die Schale seines Zornes auf die Welt ausgiessend. Und die Welt wird diesen Becher bis zur Neige trinken müssen wegen der zahllosen Verbrechen, die den Dreieinigen Gott beleidigen. Darum rufe ich den Sündern zu: Busse! den Gerechten: Geduld und Vertrauen!» — «Arme Menschen, sie

wollen den Himmel herausfordern mit allen ihren Instrumenten, die sie in die Atmosphäre senden! Aber Gott hat ihnen bewiesen, dass er der Herr der Gestirne und der Sonne ist» (28.4.1959). — «Fahrt fort, viel zu beten für die Kirche, die gegenwärtig eine schreckliche Krise durchmacht. Aber habt Vertrauen: die Kirche wird triumphieren. Sie wird mit der ganzen Menschheit unter dem Hirtenstab eines einzigen Hirten, des Stellvertreters meines Sohnes in Rom, eine einzige Herde bilden» (20. 4. 1959).

Giovanni Papini sagt über den Erlöser: «Millionenmal hat dich ein Judas geküsst. Legionen von Pharisäern und Kaiphasgestalten haben dich verurteilt als Verbrecher. — Ein ewiger Pöbel schlägt dich, speit dir ins Antlitz. — Ungezählte Schlemmer, Räuber, Verbrecher, Mörder haben die Freiheit erlangt, damit du gekreuzigt würdest.» — In einer Welt, die in aller Öffentlichkeit die Autorität, die Aszese und Moral ignoriert, wird der Raufbold, Trunkenbold und Unhold zu einer Geissel der menschlichen Gesellschaft.

Prälat Dr. Josef Gorbach erklärt: «Warum sollen wir das von Jesus im Feuer der Leiden geläuterte Gold des kostbaren Blutes des unbefleckten Lammes (1 Petr. 1, 19) kaufen? Der Engel von Laodizea sagt es: «Damit du reich werdest und weisse Gewänder zum Anziehen dir verschaffest, so dass «deine schändliche Blösse nicht sichtbar wird» (III. 18).

Der heilige Seher auf Patmos wurde beauftragt: «Miss den Tempel Gottes, den Altar und die darin beten» (Offb. 11, 1). Warum will der Herr diese Räume, die das Allerheiligste bilden, geschützt sehen? Weil dort das Zelt (Tabernakel) des Herrn aufgeschlagen ist mit dem Kelch des Heiles. Weil dort täglich das Kostbare Blut des Lammes im heiligen Opfer aufs neue dem himmlischen Vater aufgeopfert wird. Dieser Ort und die Seelen, die dort beten, sind dem Allerhöchsten heilig; ihre Seelen, gewaschen im Blute des Lammes, sind

unverletzlich, sakro-sankt, Gottes kostbarer Besitz. Die geheimnisvolle Vereinigung vieler Seelen mit dem Lamme und seinem Blute gehört zum Charakteristikum der Kirche. Wir müssen daher der Anbetung und Aufopferung des heiligen Blutes eine Vorzugstellung unter allen Andachtsübungen einräumen. —
«Der innere Mensch — edel und gross — entstammt dem völlig reinen Grund des Göttlichen. Er ist nach dem Bilde Gottes geschaffen. Er ist berufen, in den Grund, aus dem er kam, zurückzukehren. Könnte ein Mensch in seinem eigenen Innern Gott finden, erkennen und anschauen, so wie Gott selbst geheimnisvoll im Grunde jener Seele verborgen ist, so wäre dieser Mensch bestimmt glücklich. Zweifellos aber wendet der Mensch den inneren Blick von der Seele ab und lässt sich auf das Äussere ablenken. Er verzettelt sich und wird durch die Geschöpfe zerstreut. Immer wieder aber wird er zurückgeführt, von Gott aufgerufen, der im Grunde seiner Seele zugegen ist» (Johannes Tauler, Predigten).
In der Geheimen Offenbarung finden die Gottsucher die Antwort: «Ich bin der Erste und der Letzte, und der Lebendige — der helle Morgenstern! Ich war tot — doch siehe, ich lebe von Ewigkeit zu Ewigkeit und ich habe die Schlüssel der Hölle und des Todes!» Im Alten Testament finden wir ein Vorbild des Kostbaren Blutes Jesu. — Wie das Blut des Passah-Lammes an den Türpfosten die Israeliten vor ihrem Auszug aus Ägypten in jener denkwürdigen Nacht vor dem Tode bewahrte, so führt das Blut des göttlichen Osterlammes Jesus Christus zum ewigen Leben. — Nur ein ganz reines, makelloses, göttliches Blut konnte würdige Sühne leisten (war satisfaktionsfähig); anderseits musste sie von einem Menschen geleistet werden, um die Schuld der Menschen zu tilgen. So wurde Gottes Sohn Mensch (incarnatus est) und brachte in seinem Blute das erforderliche Sühneopfer am Kreuzesstamm dar.

Wie die Myrrhe ihren keusch-herben Opferduft verströmt, so entsteigt dem tiefsten Seelengrund des Gottsuchers in einem langen Advent das schmerzhafte Sehnen nach Erlösung und Vollkommenheit, was nur erreicht werden kann durch Christi Blut. Wie sagt doch der Irländer Matt Talbot (1856—1925), der lange Jahre um den Seelenfrieden rang: «Wahrer Adel stammt einzig vom Blut des Gottessohnes.» Christus ist vor allem Gott. Sein Blut, das er für uns hingab, ist göttliches Blut; dieses Blut hat unendlichen Wert. So wurden wir Kinder Gottes und Erben des Himmels und erhalten «die Krone des ewigen Lebens.» Heute, wo die göttliche Offenbarung «von unten demokratisch umgefälscht» wird, weist uns das Königtum Christi den Weg. Sagte Er doch selbst: «Ich bin ein König!» (Jo. 18, 37). Christus möge wieder herrschen in den Familien, im Staat, im gesamten öffentlichen Leben und damit der Friede einziehen.

In der heiligen Eucharistie haben wir die Fülle, die Mitte der Zeit; vor und nach Christus — Vorbild und wahres Leben. Die heilige Eucharistie ist die Mitte des Geschehens der Welt, von dort aus ist alles bedeutungsvoll.

Alles Wahre, Schöne und Gute in der Welt hat seinen Glanz von Gott. Gott ist alles — ist Heimat; Dienst in der Welt ist Sendung in die Fremde. Wie die Engel einst einer Prüfung unterzogen wurden, so werden auch die Menschen während ihres Erdendaseins geprüft, ob sie sich in der Treue und Liebe zu Gott bewähren. Es herrscht eine grosse Sehnsucht nach Menschen, die wahrhaft in Gott leben. So sagt der Völkerapostel Paulus: «Nicht ich, sondern Christus lebt in mir.» Das Sanctus ist der kräftigste Exorzismus gegen die Dämonie, die sich immer wieder in das Weltgeschehen einschleicht. — Sinnengenuss in Gott ist erlaubt; so danken wir Gott und freuen uns über das tägliche Brot, über duftende Blumen, funkelnde Gestirne etc. —

Gott dienen in der Welt, aber mit geläuterten Sinnen. Ungeordnete Anhänglichkeit an Menschen und Dinge der Welt (Augenlust, Fleischeslust) ist verwerflich, denn die Dinge der Welt ziehen die meisten Menschen in ihrer Schwäche von Gott ab. Daher ist Läuterung des Geistes unerlässlich, denn die Sünde geschieht im Geiste.
Wer sich Gott völlig hingibt, auch wenn Gottes Wege dunkel scheinen, der hat die Läuterung des Geistes bestanden.
Das Hadern mit Gott bei Unglücksfällen ist eine weit verbreitete Sünde. Das schweigende Dunkel der Unbegreiflichkeit Gottes über sich ergehen lassen und doch dabei ein restlos Liebender in Gott sein. «Herr, Du hast mir Schweres aufgeladen, aber Dein Name, o Herr, sei gepriesen.» Der Gruss des Engels bei der Verkündigung hat Maria nicht aus der Fassung gebracht, denn sie ruhte als Braut des Heiligen Geistes in Gott. Das Wort Gottes ist gesprochen vom Vater im Heiligen Geist.
Cyrill von Alexandrien sagt: «Ein roher und ungebildeter Geist rühmt sich alsbald seines Unglaubens, wenn er etwas nicht fassen kann, und verwirft als falsch, was seine Vorstellungen übersteigt, so dass die äusserste Unwissenheit mit masslosem Hochmut sich paart.»

# *Der Kelch des Blutes*

Die stigmatisierte Augustinerin Anna Katharina Emmerich sah in einer Vision den heiligen Kelch: «Ich sah Noe in der Arche Rauchopfer darbringen; sein Altar war mit Weiss und Rot bedeckt. Ich sah auch über dem Altar den Kelch des Abendmahles, welcher während des Baues dem Noe übergeben von drei Gestalten in langen, weissen Gewändern, wie die drei Männer, welche zu Abraham kamen. Sie kamen aus einer Stadt, die bei der Sündflut zu Grunde ging, und sprachen zu Noe, er sei ein ruhmvoller Mann, da sei etwas Geheimnisvolles, das er mitnehmen solle, damit es in der Flut nicht verloren gehe. In dem Kelch lag ein Weizenkorn und ein Rebzweig. Nach der Trennung beim Turmbau sah ich den Kelch bei einem Nachkommen Sems im Lande der Semiramis, dem Stammvater der Samanen, die durch Melchisedech nach Kanaan versetzt wurden und den Kelch dahin mitbrachten.»

## GENUA

Der Gral im Dom zu Genua ist eine wundervolle, achteckige, 35 cm spannende Schale aus smaragdgrünem Glase, die auf einem Fussring steht. Der Bodenansatz ist innen durch eingravierte Ringe markiert. Die Henkel sind waagrecht angesetzt, wie bei den antiken Schalen. Aus einem Stück geschnitten, ist sie ein Meisterwerk antiker Glasmacherkunst und in der frühen Kaiserzeit entweder in Alexandria oder in Sidon oder einer anderen syrischen Werkstatt entstanden.

Die Geschichte des Grals wird berichtet in dem Buche «Il catino di smeraldo» vom Karmeliter Fra Gaëtano da Santa Teresa: Als die Königin von Saba auf ihrer Reise zu König Salomon durch Tyrus kam, machte

ihr König Hiram eine aus einem einzigen Smaragd geschnittene Schale zum Geschenk und die Königin verehrte sie Salomon mit anderen Gaben. Der jüdische König liess das kostbare Gefäss in seinem Schatz verwahren und bestimmte es zum Gebrauch beim Passahmahle. Sie erbte sich im Hause David fort und kam zuletzt an Nikodemus, den heimlichen Anhänger Christi, der aus diesem Geschlecht stammte.
An dem Abend, an dem Christus das denkwürdige Passahmahl feiern wollte, stellte Nikodemus die kostbare Schale zur Verfügung. Dem Heiland war all dies bekannt. So hat der Gral beim Letzten Abendmahl seine Weihe erhalten. Und gerade dieses Gefäss nahm Nikodemus mit und fing am Kreuze das Blut auf, das der Seite des Erlösers entquoll. — Die Legende besagt noch, dass der reiche Ratsherr Nikodemus diese kristallene Schale in seinem Gemach auf das Kapitäl einer weissen Marmorsäule stellte, und am Morgen nach dem Sabbat, welcher der Kreuzigung gefolgt war, sah er mit bebender Ehrfurcht, wie das Kostbare Blut Jesu purpurn in der Schale aufglühte und die ganze Umgebung wundersam erleuchtete. — Von Nikodemus kam der Gralskelch an die Christengemeinde. Als die Worte des Heilandes vom Untergang Jerusalems sich erfüllten, flüchtete die junge Kirche mit dem Gral nach Cäsarea. Dann fiel die heilige Schale in die Hände der Sarazenen. Nun kam die Zeit der Kreuzzüge. Im Jahre 1099 wurde Jerusalem von Gottfried von Bouillon erobert. Sein Nachfolger, König Baudouin I. von Jerusalem, erstürmte Cäsarea, wobei er den Genuesen als Lohn für ihre Tapferkeit die heilige Schale übereignete. Somit war der Gral der Christenheit wiedergegeben. In Genua wurde der «Catino di smeraldo» (auch «Sacro catino» genannt) in einem Schrein in der Sakristei des Lorenzo-Domes aufgestellt. Der Schlüssel ward einer eigenen Ritterschar (Clavigeri) anvertraut. Am Jahrestag wurde der Gral,

bewacht von Gralsrittern, öffentlich in der Kirche ausgestellt. Ausser Fürsten und Königen war es jedermann bei Todesstrafe verboten, den Gral zu berühren. — 1476 wurde der Gral in einem mit Samt ausgeschlagenen und drei Schlössern versehenen Schrein verwahrt. Der Schrein ruhte in einer mit Eisenplatten ausgekleideten Mauernische; die Eisentür besass ebenfalls drei Schlösser. Der spanische Prälat Don Gabriel Pascal de Orbaneya berichtet in einem Buch im Jahre 1699: «Die Westgoten haben auf ihrem Zuge von Asien nach Spanien in Palästina den catino mitgenommen und in der Kirche zu Almeria beigesetzt, fiel dann in die Hände der Mauren, ist diesen aber wieder entrissen worden, als 1147 die Genuesen mit König Alfons dem Grossen von Kastilien die Stadt eroberten. Dabei ist den Genuesen der Gral zugefallen.»
Im Domschatz zu Monza wird der Saphir-Becher der Königin Theodelinde, Tochter des Bayernherzogs Garibald und Gemahlin des Langobardenkönigs Autharich, verwahrt.

## VALENCIA

«Denn das ist der Kelch mit meinem Blute des Neuen und Ewigen Bundes, das für euch und für viele vergossen wird zur Vergebung der Sünden.»
Der Kelch, den Jesus beim Letzten Abendmahl benutzte, wurde wahrscheinlich durch Petrus, dem Oberhaupt der Kirche, nach Rom gebracht. Als Kaiser Valerian eine Christenverfolgung veranlasste, starb Papst Sixtus II. als Blutzeuge. Vor seinem Tod übergab er die heiligen Gefässe seinem Diakon Laurentius; dieser stammte aus Huesca in Spanien. Da er wusste, dass er dem Oberhirten im Tode folgen würde, sandte er durch treue Boten den Gralskelch mit einem Begleitschreiben im Jahre 258 nach Spanien. Als die Mauren

nach Huesca vordrangen, verliess im Jahre 713 der Bischof seine Stadt. Er begab sich mit dem heiligen Kelch in die Einöde am Berge Pano, wo nachher das Kloster San Juan de la Peña gegründet wurde. Ein Zeugenbericht vom 14. Dezember 1134 bekundet, dass in diesem Kloster der heilige Kelch, den Christus geweiht hatte, sorgfältig verwahrt blieb.

Das wunderbare Erbstück der Christenheit kam nach Urkunde vom 26. September 1399 in den Besitz des Königs, Martin von Aragonien. Diese Urkunde ist noch erhalten (in Barcelona) und in ihr ist erwähnt, dass der heilige Kelch von Laurentius aus Rom gerettet wurde. Der Kelch wurde sodann in Saragossa verehrt und kam durch König D. Alfonso V. de Aragon nach Valencia, wo er laut Urkunde vom 18. März 1437 als der Kelch des Letzten Abendmahles in der dortigen Kathedrale verwahrt wurde. Bis heute feiert die Stadt Valencia das jährliche Fest zu Ehren des heiligen Kelches, der immer am Gründonnerstag und Karfreitag zur öffentlichen Verehrung ausgestellt wird.

Der heilige Kelch ist 19 cm hoch. Die Schale hat einen Durchmesser von 9 cm und besteht aus erlesenem orientalischem, dunkelrotem Achat; sie glänzt bei durchschimmerndem Licht in mannigfachstem Farbenspiel. Der Kelchschaft der kostbaren Schale besteht aus gediegenem Gold mit wunderschönen eingravierten Verzierungen in griechischer Art; sie beweisen so sein hohes Alter. Der Kelchfuss hat eine massivgoldene Einfassung und ist verziert mit zwei Rubinen, zwei Smaragden und 28 Perlen (Osservatore Romano vom 3. April 1952).

In Valencia, der Stadt des heiligen Kelches, lebte 1560—1592 im Franziskanerkloster der heilige Paschalis Baylon, der eine innige Andacht zum heiligsten Altarssakrament hegte. Er ist der Patron aller eucharistischen Kongresse. Oft öffnete sich der Himmel und der heilige Paschal sah in strahlendem Glanze den Kelch mit dem Erlöserblut.

«Et Jesus flevit» — Jesus weinte am Grabe seines Freundes Lazarus und am Ölberg über den Untergang Jerusalems. Im Garten Gethsemane schwitzte Gottes Sohn Blut und vergoss blutige Tränen über die Sünden der Menschen.
Im Jahre 1650 fiel in Vilanova dos Infantes, 26 km von Orense (Nordwest-Spanien) während eines Hagelschlages vom Himmel ein Kristall — eine kristallisierte Träne, darin zeigt sich die Muttergottes im roten Kleid (5 cm gross). Dieser von der Kirche anerkannte Wunderkristall wird hoch verehrt unter dem Namen:
«Una lagrima de Dios», eine Träne Gottes — Gottes Träne tropft zur Erde nieder.
Christi Blut und Tränen setzen sich fort durch alle Jahrhunderte an den Gliedern am mystischen Leib der heiligen Kirche, am «Weinstock des Herrn». So erlitt der heilige Laurentius, Erzdiakon der römischen Kirche, am 10. August 258 das Martyrium auf einem Rost. — In Amaseno bei Frosinone (im unteren Latium, Italien) befindet sich in der Kirche «Santa Maria» die Blutampulle des Heiligen. Seit dem Jahre 600 verflüssigt sich das eingetrocknete Blut des heiligen Laurentius alljährlich am 10. August und das Blut des heiligen Diakons Stephanus verflüssigt sich am 26. Dezember, dem Tag seines Martyriums (Steinigung) in Jerusalem.
Wenn am Laurentiustag (10. August) die funkelnden Gestirne am nächtlich-tiefblauen Firmament feierlichstill auf ihren ewigen Bahnen ziehen und Sternschnuppen auf die Erde niederfallen, ruft das Volk in Liebe und Begeisterung: «Das sind die Tränen des Laurentius!»

Sankt Laurentius, sternengleich sinkt deiner
Tränen Tau
Erlösend ins Reich von Feuer und Pein;
Und die Seelen — einst so lau
Gehen in ewige Wonne ein.

## ANTIOCHIA

Im Jahre 1910 fand man in Antiochia beim Bohren eines Brunnens einen Abendmahlkelch (19 cm hoch; 15 cm breit; 2,5 l Raum-Inhalt). Robert de Beauplan berichtete darüber in der französischen Zeitschrift «L'Illustration». Nach dem Untergang von Jerusalem im Jahre 70 bildete Antiochia das Zentrum des orientalischen Christentums. Die reichen Schätze von Jerusalem waren zur selben Zeit nach Antiochia (Edessa) geflüchtet worden.
Zwölf emporsteigende und in sich verschlungene Reben umspannen die silberne Cuppa des Kelches. Auf den Weinranken symbolische Tiere: Tauben, eine Schnecke, ein Schmetterling. Um den Rand windet sich ein Kranz von Lotosblumen. Das in Applikationstechnik auf die ovale Cuppa durchbrochen gelötete Relief ist rotgolden, der Stern im Lotoskranz gelbgolden. Die Hauptfigur bildet Christus, thronend inmitten der Apostel; sein Antlitz ist bartlos, über seinem Haupte schwebt der Heilige Geist in Gestalt einer Taube. Auf der anderen Seite des Bechers ist Christus als 12—15-jähriger Knabe, umgeben von den vier Evangelisten. Christus ist auf dem Kelch dargestellt, wie ihn die ersten Getreuen der Kirche gesehen haben.
Der Becher erinnert an die im Louvre verwahrten Silberkuppen des altrömischen Schatzes von Boscoreale.

## KREMSMÜNSTER

Neben der Schale von Antiochia ist der älteste erhaltene Kelch, der Tassilo-Kelch, den der Herzog Tassilo von Bayern im Jahre 777 dem heute oberösterreichischen Stift Kremsmünster schenkte. Der Kelch ist 25,2 cm hoch. Die figürlichen Darstellungen sind in das Silber in Niello und Gold eingegraben. In den dreieckigen Feldern ist das verschlungene Bandornament mit Gold beschlagen. Die Cuppa zeigt in fünf ovalen Medaillons die vier Evangelisten und Christus; dessen Rechte ist zum griechischen Redegestus erhoben, wobei drei Finger die Form einer Christusmonogramms annehmen. Auf dem Fuss des Kelches prangen fünf Heilige und das Epigraph in Niello:

TASSILO DUX FORTIS + LIVTPIRG
VIRGA REGALIS.

An dem mit Edelsteinen besetzten Knauf umschliessen grosse Rauten das zierliche Flechtwerk. Der Kelch trägt orientalischen Charakter, ist aber auf altbayrischem Boden, wohl in der alten Römerstadt Juvavia (Salzburg) entstanden. Dieser Kelch — Patengeschenk des Agilolfinger Herzogs an das Stift — ist das älteste und bedeutendste Kultur- und Nationaldenkmal des Stammes der Bayuwaren. — Wie hoch dieser Kelch in der ganzen Christenheit eingeschätzt wird, zeigt, dass der 35. Internationale Eucharistische Weltkongress in Barcelona/Spanien 1952 unter dem Zeichen des Tassilo-Kelches stattfand. Dieser kostbare Kelch mit Hostie und zwei Tauben ist als der heilige Gral dargestellt. Und südwestlich von Barcelona in Katalonien liegt der Montserrat — der Berg des heiligen Gral.
Wolfram von Eschenbach schildert in seinem «Parsival», wie jeden Karfreitag eine weisse Taube vom Himmel herabschwebt und auf den heiligen Gral (aus Jaspis gefertigt) eine Hostie niederlegt. Dieser Gral ist die Schale, deren sich der Erlöser beim letzten Abendmahl zur Einsetzung des Heiligsten Altarssakramentes bedient hat.
Nach der Legende verleiht der fortgesetzte Anblick des heiligen Gral (Schale mit dem Blut des göttlichen Erlösers) ewige Jugend. Wäre die Seele allzeit gänzlich mit Gott vereinigt, so könnte der Mensch nicht altern. «Du, o Herr, gibst uns die Strahlen deines Lich-

An diesem Altar ereignete sich am 9. Juli und am 14. Juli 1970 das sogenannte «Blutwunder von Maria-Rain». Wie aus dem Altargemälde ersichtlich, ist die Kapelle von Stich der Heiligsten Dreifaltigkeit geweiht.

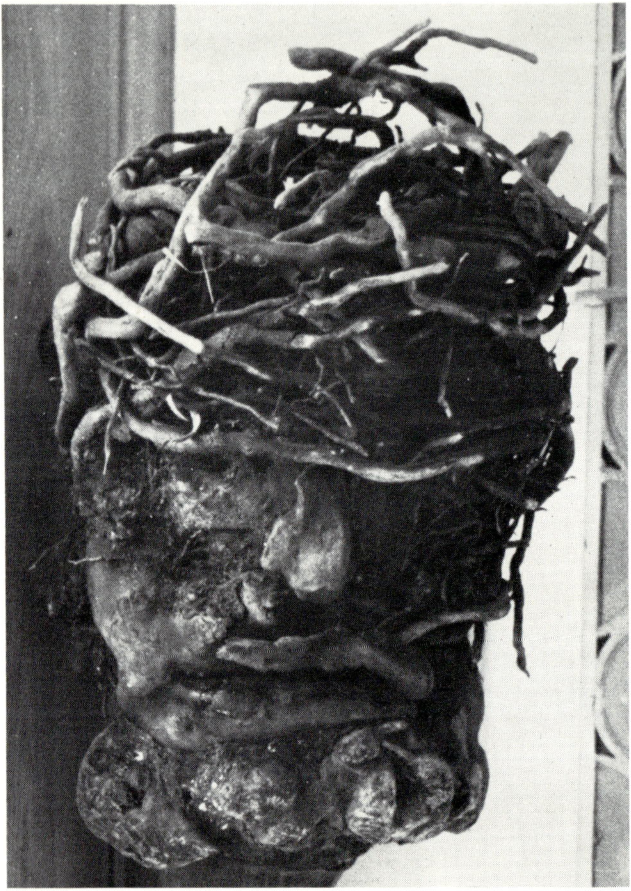

Dieser Wurzelstock, ein Christuskopf mit Dornenkrone, an dem keine menschliche Hand mitgestaltet hat, wurde am Ostermontag 1963 an den Ufern der Salzach in einem angeschwemmten Wurzelhaufen von Ludwig und Margarete Essel gefunden; ist seit Ostern 1964 in der Pfarrkirche St. Antonius in Salzburg-Itzling und wird von vielen Gläubigen aufgesucht und verehrt.

tes zum Kleide; nichts entferne meine Seele von dir bis zu dem Augenblick, wo sie sich für immer in den Strahlen deines Angesichts verliert» (Augustinus, Bekenntnisse 13, 8).

## ETTAL

Ettal gilt als der bayrische Montsalvat. Zwölf Christusritter nach dem Muster von König Artus' Tafelrunde bewachten in diesem einsamen Waldtal den heiligen Gral. Die grosse Schale aus Smaragd ist seit den Wirren der unglückseligen Säkularisation (1803) verschwunden. Wurde sie geraubt oder wurde sie von einem Engel, der vor 500 Jahren in Gestalt eines Mönches dem Kaiser Ludwig dem Bayer das Madonnenbild übergab, in Sicherheit gebracht? — Ein tiefes Geheimnis liegt über Ettal, in dessen Nähe — in Oberammergau — einem Gelübde zufolge alle zehn Jahre die blutige Passion Christi zur Darstellung kommt.
Nuntius Pacelli, der nachmalige grosse und heiligmässige Papst Pius XII., weilte acht Jahre (1917—1925) als Apostolischer Nuntius in Bayern, das ihm zur zweiten Heimat geworden war. Am 2. Dezember 1954 sah Pius XII. in der Morgendämmerung Christus schweigend, aber in der ganzen Fülle seiner Majestät an seinem Krankenlager. Der Papst betete darauf die Schlussverse:
Anima Christi — Seele Christi, heilige mich, Blut Christi tränke mich. In der Nacht zum 3. Dezember trat eine Besserung seiner Krankheit ein.

Blut Christi, berausche mich
durch die Wärme des Herzens, aus dem du geflossen.
Wasser der Seite Christi, wasche mich
durch die Kraft des Hervorströmens.
In Deine Wunden verberge mich,

weil sie so tief gegraben sind.
Vor dem bösen Feind beschirme mich,
weil er mich sonst überwältigen würde.
Und lasse zu Dir kommen mich,
weil Du mich geliebt hast von Anbeginn.
Damit ich mit den Heiligen lobe Dich —
Du mein Herr und Gott! Amen.

Peter Lippert SJ.

1935 sagte Kardinal-Staatssekretär Pacelli in Lourdes zu den Priestern: «Wir müssen von dem Gedanken durchdrungen sein, dass noch ein sehr grosser Teil der Menschheit Christus fremd ist, dass aber die Kirche, getränkt von dem Blute Christi, die göttliche Kraft besitzt, Heilige hervorzubringen und durch die in der Kraft des Blutes Christi und im Herzen Marias der in Fatima von der Muttergottes verheissene Friede der Menschheit beschieden wird.»

# *Die Blutspuren Christi*

## TURINER GRABTUCH

Nikodemus und Josef von Arimathäa hüllten den Leichnam Jesu in das Grablinnen, nachdem sie hundert Pfund Myrrhe und Aloe hineingetan. Die Sindone (Christi Grablinnen) befand sich unter den kaiserlichen Schätzen in Konstantinopel. Sie kam dann nach Frankreich und schliesslich nach Turin, wo sie als Palladium des Hauses Savoyen in der Schlosskapelle verehrt wird. Sie ruht in einem Silberschrein, der in einem eisernen Kasten mit drei Schlössern verwahrt wird. Die Schlüssel sind drei verschiedenen Stellen anvertraut.

Kaiser Maximilian I. und Erzherzog Philipp, Statthalter von Flandern, haben die Sindone gesehen. Herzog Vittorio Amadeo gab dem seligen Sebastian Valfée den Auftrag, das Turiner Linnen mit neuem Seidenfutter zu versehen, wobei ihm seine Gattin Anna von Österreich behilflich war (1694).

Unter Don Juan de Austria kämpfte die savoyische Flotte mit einer Fahne, die das blutbedeckte Antlitz Christi der heiligen Sindone von Turin trug. Durch den glorreichen Seesieg, den am 7. Oktober 1571 die Flotte bei Lepanto errang, wurden 12 000 christliche Galeerensklaven befreit und das Abendland ward gerettet. Der heilige Kardinal Karl Borromäus pilgerte mit dem berühmten Dichter Torquato Tasso am 14. September 1578 zum heiligen Grablinnen nach Turin. Grosse Verehrer der heiligen Sindone waren der heilige Franz von Sales, der heilige Don Bosco, die heilige Theresia von Lisieux und die Päpste Pius VII., Pius IX. und Benedikt XV.

Im Schatten der heiligen Sindone gelangte St. Dominikus Savio (* 2. April 1842, † 9. März 1857) zu grosser Heiligkeit. Vorbildlich war seine Anbetung vor dem Tabernakel und die Verehrung der Immakulata. Er war Don Boscos bester Knabe, er war sein «Meisterwerk». — Zur selben Zeit als ein Karl Marx unwissende Leute zur Revolution aufstachelte, sorgte der heilige Don Bosco für die berufliche Erziehung der Jugend.

Dominikus Savio bekam die Erlaubnis, den Cholerakranken beizustehen. Die dunkeln Gassen waren nicht ohne Gefahr. Nach den Akten der Seligsprechung hat ihn Gott wiederholt wunderbar beschützt. Einmal trug den ermatteten Knaben ein junger Mann (Schutzengel) auf seinen Armen nach Hause und war dann spurlos verschwunden. Ein andermal begleitete ihn eine «wunderschöne, majestätische» Dame (Muttergottes) in abendlicher Stunde auf dem Weg in die Heimat und war dann unmittelbar vor dem Elternhaus nicht mehr zu sehen. — Nach seinem frühen Hinscheiden erschien Dominikus seinem Lehrer Don Bosco und zeigte ihm die grosse Seligkeit, die ihm im Himmel wegen Verehrung des kostbaren Blutes im heiligsten Altarssakrament zuteil wurde.

Papst Pius XII. sprach diesen Jüngling unter dem Jubel von Hunderttausenden am 12. Juni 1954 heilig.

Dr. med. Hynek, Prag, schrieb neben seinem ärztlichen Beruf in langen Nächten über das blutbedeckte Turiner Linnen ein Buch, worin er u. a. sagt: «Und auch heute noch ergiessen sich über uns vom heiligen Antlitz her Gnaden wie ein Rosenregen der Liebe.»

Die Echtheit des Turiner Grablinnens bewies sich jüngst vor aller Welt durch ein furchtbares Geschehen: Cäsare Lianni schlich sich nachts im Dom mit Einbrecherwerkzeug zum Leichentuch Christi, um es zu rauben und an einen reichen Amerikaner zu verkaufen. Als er die Hand nach dem heiligen Linnen ausstreckte, bewegten sich die Gesichtszüge Jesu Christi und er hörte über sich die Worte: «Du Sünder! Vergreife dich nicht

an diesem Heiligtum, sonst wird deine Strafe fürchterlich sein!» Schreiend wirft sich der Frevler zu Boden und schreit zitternd wie von Sinnen: «Gott im Himmel, verzeih mir!» Und er flüchtete. Später berichtet der Einbrecher in der Klinik: «Es war entsetzlich! Als ich nach dem Leichentuch greifen wollte, knirschte es über mir und krachend kam der Lüster herunter. Um ein Haar wäre ich getroffen worden. Dann sah ich Jesus vor mir. Er mahnte mich, den Dom sofort zu verlassen. Es sei eine schwere Sünde, sich an dem Leichentuch zu vergehen. Als die Gestalt vor mir verschwamm, spürte ich auf meinem Körper entsetzliche Peitschenhiebe. Ich rannte schreiend aus dem Raum und suchte Schutz vor dem Altar. Doch auch dort hatte sich alles gegen mich verschworen. Plötzlich brannte die Altardecke lichterloh und in den Flammen sah ich wieder Jesus. Er blickte mich traurig an. Von da an weiss ich nicht, was ich tat.» Nach diesem Bericht brach Cäsare Lianni in lautes Weinen aus.
Es erging ihm wie einst dem Tempelräuber Heliodor, den der Herr zu Boden schlug (2 Makk. 3, 25). Dieser Fall sei ein Menetekel allen Modernisten, die heute das Gotteshaus plündern, indem sie Hochaltäre, Tabernakel, Kummuniongitter wegreissen. «Da raubte er mit seinen unreinen, sündigen Händen die heiligen Gefässe und alles, was die Könige gegeben hatten zum Schmuck und zur Zierde» (2 Makk. 5, 16).

## DAS SCHWEISSTUCH DER VERONIKA

Das Schweisstuch der heiligen Veronika, in welches Christus auf dem Wege nach Golgatha sein blutbedecktes Antlitz drückte, wird jetzt in Sankt Peter zu Rom verwahrt. Alljährlich am Gründonnerstag-Abend bewegt sich durch die Hallen der Peterskirche eine Prozession auf den linken Eckpfeiler des Mittelbaues zu

mit der 5 m hohen Marmorstatue der heiligen Veronika. Alles blickt zu einem im hellsten Lichte erstrahlenden Balkon empor.
Ein Bischof, von zwei Priestern begleitet, tritt zur Tür heraus und segnet das Volk dreimal mit den kostbaren Reliquien der Peterskirche: der Lanzenspitze des heiligen Longinus, dem Kreuz des Heilandes und dem Schweisstuch der heiligen Veronika.

## SCALA SANTA

Die heilige Stiege — scala santa —, bestehend aus 28 (heute mit Holz umkleideten) Stufen, liess die kaiserliche Archäologin, die heilige Helena, Mutter des Kaisers Konstantin, in Jerusalem ausgraben und im Jahre 326 nach Rom überführen. Es ist die blutbenetzte Stiege vom Praetorium des Pilatus, welche Jesus auf- und niederstieg — auf die «Gottes Blut niedertropfte». Diese heilige Stiege gegenüber der Laterankirche in Rom wird von den Gläubigen nur auf den Knien bestiegen. Der Heilige Vater Pius X. hat für ewige Zeiten einen vollkommenen Ablass gewährt, wenn man die heilige Stiege kniend hinaufsteigt. Viele Päpste, Heilige und hohe Persönlichkeiten haben mit grosser Andacht die Stiege kniend bestiegen. Oberhalb der heiligen Stiege befindet sich die dem heiligen Diakon Laurentius geweihte Palatinkapelle der Päpste — die sogenannte Kapelle Sancta Sanctorum. — Auch Nachbildungen der heiligen Stiege entstanden im Laufe der Zeit. So liess die bayrische Kurfürstin Adelheid von Savoyen in die Theatinerkirche zu München eine heilige Stiege einbauen, deren Besteigung ebenfalls mit Ablässen versehen ist.

# DIE DORNENKRONE

Die mit Christi Blut benetzte Dornenkrone erwarb der heilige König Ludwig IX. von Frankreich vom oströmischen Kaiser Balduin II. und brachte sie nach Paris, wo sie in Notre-Dame aufbewahrt wird. An jedem Freitag der Fastenzeit kamen die Gläubigen zum Kuss der Dornenkrone. König Ludwig verschenkte Dornen an Fürsten und Kirchen des Abendlandes. So befindet sich ein Dorn in der Krone des Erzstandbildes der Patrona Bavariae auf der Säule am Marienplatz zu München.

Kurfürst Maximilian I. von Bayern, der Führer der Liga, übergab die kostbare Reliquie (Dorn Christi) in silberner Kapsel, welche der Bischof in die Krone einfügte. Daher wird alljährlich in München am Montag nach dem Passionssonntag das Fest der heiligen Dornenkrone gefeiert.

Der heilige Dorn von Andria (Italien) blutet, wenn der Karfreitag auf den 25. März, also Mariae Verkündigung fällt — welches Datum auch für die Kreuzigung Christi angegeben wird. Dieses Bluten geschah zuletzt 1932.

Und ein Dorn Christi in der Basilika S. Nicola zu Bari wurde am 25. März — einem Karfreitag — blutrot.

«Sein Schweiss wurde wie Tropfen Blutes, die auf die Erde rannen» (Luk. 22, 44).

Der nachmalige König Maximilian II. von Bayern erwarb 1838 die Geisselungskapelle in Jerusalem und übergab sie den Franziskanern zur Betreuung. An so manchen Stellen, wo einst Christi Blut niedertropfte, blühen heute rote Rosen. Beim Einzug in Jerusalem singen die Pilger:

> Zu dir wir ziehn, o Heil'ge Stadt,
> wo Gott für uns geblutet hat.

König Ludwig der Heilige brachte aus dem Morgenland die Dornenkrone nach Frankreich und liess für sie in Paris die «Sainte Chapelle» erbauen. Tief ergriffen von der mit dem Erlöserblut benetzten Dornenkrone schreibt der französische Botschafter Paul Claudel: «Ich für meinen Teil wagte kaum, mich an den Tagen der Fastenzeit unter die zu mengen, die die Dornenkrone küssten.»

*Am 21. September 1974 ging folgende Meldung durch die Weltpresse: «(dpa) Das traditionelle ‚Blutwunder' ist in Neapel auch in diesem Jahr wieder eingetreten. Unter den Gebeten von Tausenden von Gläubigen verflüssigte sich am Donnerstag das normalerweise eingetrocknete Blut des Stadtheiligen Januarius (San Gennario). Das Blut des im Jahre 304 bei Neapel enthaupteten Märtyrers verflüssigt sich dreimal im Jahr. Dieses seit dem Spätmittelalter bekannte Phänomen, das bisher noch keine wissenschaftliche Erklärung gefunden hat, bedeutet für die Stadt, dass sie auch weiterhin des Beistandes des Heiligen gewiss sein kann.»*
*Dieses Buch berichtet in einem eigenen Kapitel auch über die Blutwunder der Heiligen und Stigmatisierten, die ja nichts anderes als Christi Zeugen und Repräsentanten sind in dieser Welt.*
*Ein grosser Verehrer des Kostbaren Blutes war Papst Johannes XXIII., dessen Enzyklika und Litanei zum Kostbaren Blut im Anhang des Buches abgedruckt sind. «Wenn wir Jesu Blut verehren, werden wir eingeschrieben in das Buch des Lebens» (Hl. Katharina von Siena). Für die ungläubige Welt wird es einmal ein böses Erwachen geben, denn Gott hat immer grosse Wunder gewirkt und wirkt sie auch heute noch in Abständen (Neapel) oder dauernd (Lanciano).*

## *Blutendes Crucifix*

Auf einem Tiroler Feldkreuz stehen die Worte: «Schwer lässt Gott vom Menschen ab, für den er Blut und Leben gab. Gott tut auf niemanden Verzicht, verwirft der Mensch sich selber nicht.» Der Segen des Kreuzes ist der Segen des Blutes Christi.
Die heilige Theresia von Lisieux sagte: «Als ich eines Sonntags am Schluss der heiligen Messe mein Gebetbuch schliessen wollte, glitt eine Photographie heraus, die den Herrn am Kreuze darstellte und zwar so, dass ich nur eine der durchbohrten blutenden Hände sah. Daher empfand ich etwas vorher Unerkanntes, Unaussprechliches. Mein Herz brach vor Schmerz beim Anblick des kostbaren Blutes, das zur Erde tropfte, ohne dass sich jemand bemühte, es zu sammeln. Ich beschloss, im Geiste beständig am Fuss des Kreuzes zu verweilen, um diesen Himmelstau in Empfang zu nehmen und ihn dann über die Seelen auszugiessen.»

### VIER JAHRE NACH DER RUSSISCHEN INVASION

Am 31. Mai 1963 blutete auf der Höhe von Turzovka/Slowakei ein Christusbild. — In Pianura, einem Stadtviertel von Neapel, blutete bei der 80jährigen Jungfrau Rosmunda Costarella im August 1972 (genau vier Jahre nach der russischen Invasion in Prag) ein Prager Christusbild, ein Farbendruck von Christi Antlitz nach dem Gemälde von W. Rzegocinski. Ihr heiligmässiger Onkel, Don Giustino Russolillo († 1955), prophezeite ihr immer, dass sie ein Zeichen erhalten würde, sie werde einmal ein grosses Glück erleben. Der Arzt Dr. Marrone stellte nach der Untersuchung fest, dass es wirklich Blut sei. Tausende von Pilgern kamen zum blutenden Wunderbild.

## GLAUBENSKRIEG IN IRLAND

Im Juli 1920 gab die englische Regierung den Befehl, die Stadt Templemore in Irland, die ihren katholischen Glauben verteidigte, niederzubrennen. Da bluteten ein Krucifix und mehrere Statuen in der Stadt.

## DER BERÜHMTE CHRISTUS VON LIMPIAS

1919 kam aus einem Crucifix in Limpias/Spanien Blut. Vor allem wurden Mediziner, Juristen und Offiziere dieser Erscheinungen gewürdigt, die ihre Aussagen unter Eid abgaben. Aber auch Landleute, Kinder und sogar Atheisten sahen diese Vorgänge. Manche von ihnen hatten reumütig den Weg zu Gott wieder gefunden. Die Allmacht Gottes stellt am Christus von Limpias wie in einem Spiegel dem Sehenden das Blut des Gottmenschen am Kreuz dar.

Nur der Schöpfer gibt den Segen
Allen Pflanzen, allen Tieren,
Die auf vielen Weltenwegen
Können niemals sich verirren.

Pelikan mit heissem Triebe
Will sich selbst die Brust zerreissen.
Der schon weiss, was ist die Liebe,
Will mit Blut die Jungen speisen.

Für die Welt starb Gottes Herz,
Tropft das Blut noch heut' zur Erde,
Voller Wissen um den Schmerz,.
Damit er Erlöser werde.

Cosmas Dmitrik

## TRAUER AUF SCHLOSS XAVIER

Bereits vier Jahrhunderte früher blutete in Spanien ein Crucifix. Als der heilige Franz Xaver, einsam und nur in Begleitung eines Eingeborenen vor den Toren Chinas starb, blutete zur selben Stunde ein grosser Crucifixus im Stammschloss (heute San Xavier) in Spanien vor den Augen seiner erschütterten Angehörigen. Christi Antlitz war tränenumflort, betaut mit blutigem Schweiss, verhüllt vom Schleier der Wehmut.

## TURZOVKA IN DER SLOVAKEI

Am 31. Mai 1963 blutete auf dem Waldgipfel ob Turzovka ein Christusbild. Dort war die Muttergottes mehrmals dem Waldaufseher Matousch Laschut erschienen. Franz Grafik, Bauunternehmer von Prag († am 15. August 1971) hat über die Vorgänge in Turzovka im Christiana-Verlag ein Buch veröffentlicht und Verleger Arnold Guillet hat durch seine photographischen Aufnahmen an Ort und Stelle einen Bildteil von hohem dokumentarischem Wert beigesteuert.

## DAS BLUTENDE KREUZ VON ASTI

Im August und September 1933 blutete in Asti, einer kleinen Stadt südöstlich von Turin, ein 52 cm hohes Krucifix im Hospiz für Gehbehinderte und Waisenkinder, betreut durch «Josephiner» (Giuseppini). Aus der Seitenwunde des Gekreuzigten quollen am 11. August mittags 1 Uhr Blutstropfen. Als am 27. September gegen 3 Uhr der Domherr, Kanonikus Barosso, das Krucifix in die Hand nahm, kam auch innerhalb der Dornenkrone und an den Malen der Nägel Blut und rötete seine Hand. Der Obere der Josephiner meldete diese Ereignisse dem Bischof von Asti, Msgr. Humbert Rossi, der eine genaue Untersuchung anordnete. Im Medizinischen Institut von Turin wurde es als «echtes Menschenblut» bezeichnet.

Nach Vereidigung aller Zeugen erliess am 23. Februar 1934 das bischöfliche Ordinariat ein Dekret, in dem es u. a. heisst: «Der Zweck des Wunders betrifft uns Priester; es will uns sagen, mit welcher Vorbereitung und Gesinnung wir die heilige Messe lesen sollen, und dass alle die Sünde meiden sollen und sie sühnen und dadurch das göttliche Herz Jesu trösten müssen.» Am Karfreitag, 29. März 1934, wurde das Krucifix vom Bischof und seinem ganzen Klerus in feierlicher Prozession in die Passionskapelle der den Josephinern gehörigen Kirche des heiligen Joseph übertragen. An der Prozession beteiligten sich 40 000 Menschen. Zahlreiche Pilger aus dem In- und Ausland kommen seither zum blutenden Kreuz nach Asti: Viele verstockte Sünder bekehren sich. Der Ruf: ‚Evviva la croce!' nimmt kein Ende.»

## BLUT CHRISTI IN PORTO DAS CAIXAS

Am 26. Januar 1968 fand sich in der Kirche Unserer Lieben Frau von der Unbefleckten Empfängnis in Porto das Caixas (Brasilien) eine grosse Menschenmenge ein, um für die Heiligung des Klerus und um vermehrte Priesterberufe zu beten. Da begann das Krucifix drei Stunden lang zu bluten. Der Erzbischof von Niteroi liess die Flecken des Blutes in drei Laboratorien prüfen. Die Analysen ergaben einhellig, dass es sich um menschliches Blut handelt. Daraufhin gestattete der Erzbischof den Kult an dieser Gnadenstätte.

Als der zweifelnde Ingenieur Miguel Penido am 3. April 1968 zur Kirche von Porto das Caixas kam, quoll ein Bluttropfen aus Christi Brust auf seinen Finger. Seither nehmen die Bekehrungen an dieser Gnadenstätte kein Ende.

Die brasilianische Geschichte kennt keinen Kulturkampf. Es war immer ein gedeihliches Zusammenarbeiten und eine grosse gegenseitige Achtung zwischen Kirche und Staat. Dies zeigte sich vor allem 1955 beim Internationalen Eucharistischen Kongress. — Unter Kaiser Dom Pedro I., Herzog von Braganza, und Kaiserin Amalie (Enkelin von König Maximilian I. von Bayern) blühte Brasilien als christlich souveräner Staat auf.

Als der Kommunismus sich des Landes bemächtigte und Lateinamerika unterjochen wollte, kam es am 2. April 1964 zu einer «Revolution mit dem Heilig-Blut-Rosenkranz». Hunderttausende von brasilianischen Frauen demonstrierten bei ihrem «Marsch der Familie mit Gott für die Freiheit» mit dem Rosenkranz in der Hand auf den Strassen. Es war der grösste unblutige Sieg der freien Welt über Linksradikale. Brasilien unter dem «Kreuz des Südens» ist begnadet im Blut Christi.

Papst Paul VI. ernannte den österreichischen Vizegeneral-Moderator der Missionare vom Kostbaren Blut, P. Heinrich Kräutler CPPS., zum Missionsbischof der Prälatur von Xingu, südlich des Amazonas in Brasilien. 1963 wurde ihm das grosse Verdienstkreuz des brasilianischen Staates verliehen.

# *Blut und Tränen*

Jesus hat einst, als er vom Ölberg aus nach Jerusalem hinüberblickte, Tränen vergossen: «Wie oft wollte ich dich sammeln, wie eine Henne ihre Küchlein sammelt, du aber hast nicht gewollt.» Auch heute fliesst Christi Blut, fliessen seine Tränen, weil viele Menschen sich nicht bekehren.

## BLUTENDES HERZ IN MIREBEAU

In Mirebeau, Diözese Poitiers (Frankreich) wird in einer Kirche ein wundertätiges, blutendes Herz-Jesu-Bild verehrt. Am Fest Mariae Geburt, 8. September 1911, zeigte sich an der Stirn auf diesem Bild Blut, das heruntertropfte. Später begannen auch die Wundmale an den Händen und am Herzen zu bluten. Am 16., 17. und 18. Oktober 1911 kam vom Bild eine geheimnisvolle Stimme: «Ma victime, prêtre — Mein Opfer-Priester! . . .», die dem Priester Msgr. A. Vachère de Grateloup zukünftige Ereignisse offenbarte.
Man hat oft auf Linnen das herabträufelnde Blut aufgefangen. Als Msgr. Vachère am 25. März 1920 solch blutbefleckte Linnen im Vatikan vorzeigte, wurden diese plötzlich vor aller Augen hochrot, wie frisch blutig. Professor Nazari an der medizinischen Fakultät in Rom hat das Blut, das vom Herz-Jesu-Bild fliesst, untersucht und festgestellt, dass es Menschenblut war. — Tausende von Menschen haben schon die Blutungen gesehen und vor dem Herz-Jesu-Bild haben wunderbare Krankenheilungen und eine Totenerweckung stattgefunden. Die stigmatisierte Therese von Konnersreuth hat auf eine ihr aufgelegte Blutreliquie von Mirebeau — ohne über die Herkunft unterrichtet zu

sein — in derselben Weise reagiert, wie sie es nur gegenüber echten Kreuzpartikeln, also Objekten von allerunmittelbarster Verbindung mit dem leidenden Gottessohn tat.
Welche Gottestrunkenheit spricht aus den Zeilen des Prämonstratensers Hermann Joseph († 1226):

Jesu Herzblut,
Lass in langen Zügen kosten
Mich vom Safte der Granatfrucht,
Aus dem Kelche deines Herzens
Edelsten der Weine schlürfen;
Nach dem Tranke gib den Kuss. (Hl. 1, 1)

Durch die blutenden Bilder wünscht Jesus, dass die Menschen wieder eine klare Vorstellung von Seiner Passion bekommen; wird doch heute der Opfercharakter der heiligen Messe immer mehr verdrängt und mit grossem Wortschwall zu einem blossen Gemeinschaftsmahl umfunktioniert.
Im Abendmahl-Saal auf dem Berg Sion in Jerusalem wurde das Allerheiligste Altarsakrament eingesetzt und nahm das katholische Priestertum seinen Anfang. Für diese ehrwürdige Stätte auf dem Sionsberg stifteten bayerische Pilger 1972 die 27 Zentner schwere Bayern-Glocke, die allgemein Bewunderung erregt durch ihre schöne Gestalt und den harmonischen Klang. Die Glocke schmückt das Bild der Gottesmutter mit Inschrift: Salve Patrona Bavariae, dona pacem Terrae Sanctae!
Von Jerusalem, der Stadt, die für die ganze Welt heilig ist, möge diese geweihte Glocke weithin in den Herzen der Menschen den Frieden Christi erklingen lassen, «einen Frieden, der alle Begriffe übersteigt».
Novalis, der mit 28 Jahren starb, drückt seine Geborgenheit am göttlichen Herzen in den Versen aus:

Wenn ich ihn nur habe,
Schlaf ich fröhlich ein,
Ewig wird zu süsser Labe
Seines Herzens Flut mir sein.

## DIE WIES — EIN DENKMAL FÜR DEN GEGEISSELTEN HEILAND

Nach eidlichem Zeugnis hat die von einem Prämonstratenser-Mönch gefertigte Statue des gegeisselten Herrn am 14. Juli 1738 Tränen geweint. Nach einigen Jahren liess Abt Hyazinth vom Kloster Steingaden/Obb. für die wundertätige Statue des blutig gegeisselten Heilandes von dem Wessobrunner Baumeister Dominikus Zimmermann († 1766) in der Wies eine herrliche Wallfahrtskirche errichten, die einstimmig als die «schönste und reifste Rokoko-Kirche Europas» anerkannt wird. Sein Bruder, der bayerische Hofmaler Johann Baptist Zimmermann, hat den «gegeisselten Heiland und sein erlösendes Blut» in Fresken dargestellt.
In der Wallfahrtskirche Wies werden Formen und Farben zur Musik, vereinigen sich zu einem himmlischen Akkord. — Die Stukkatur in edelster, harmonischer Formung ist von feinsten Farbennuancen überhaucht: Weiss-feines Goldgeäder, pastellartiges Grün und Violett.
Am 1. September 1754 wurde die Wies-Wallfahrtskirche zum gegeisselten Heiland vom Augsburger Weihbischof, Freiherrn von Adelmann, feierlich eingeweiht. Seither pilgern Gläubige aus aller Welt in die Wies und bewundern das Gotteshaus von einer noch nirgends geschauten Licht- und Raumgebung. Hier offenbart sich das Wort:
«Unser Blut ist durch Christi Blut erlöst.»
Tief ergriffen von der Erlösung durch das niedertropfende Gottesblut schrieb Abt Marianus II. mit dem Diamanten seines Rings in ein Fenster des Prälaten-

Die Heilige Stiege (Scala Santa), bestehend aus 28 Stufen, wurde von der Kaiserin Helena Anno 326 von Jerusalem nach Rom überbracht. Auf dieser Treppe im Palast des Pilatus ist der Heiland bei seiner Verurteilung zum Tode mehrmals auf- und abgestiegen. Die Rompilger begehen sie auf den Knien.
Photo: Dr. Libor Koval, Rom.

El Santo Cristo de Limpias. Blutendes Crucifix von Limpias in Spanien.
Photo-Archiv Christiana.

hauses: Hier wohnt das Glück, hier findet das Herz seine Ruhe.
Welch eine göttliche Symphonie von Licht, Farben und Tönen, wenn in diesem wahrhaft sakralen Raum die Krönungsmesse von Wolfgang Amadeus Mozart zur Aufführung gelangt.

Der König, der alles regiert,
Der Himmel und Erde geziert,
Jetzt wird er mit Dornen gekrönt,
In purpurnem Mantel verhöhnt;
Es triefet von Blute
Sein Haupt, uns zugute.
O Jesus mein, was leidest für Pein!

## *Heilig-Blut-Reliquien*

Jesus Christus hinterliess uns im wunderbaren Sakrament der heiligen Hostie als kostbares Vermächtnis sein eigen Fleisch und Blut zur Stärkung für die «Mühseligen und Beladenen». Dazu besitzt die heilige Kirche Christi noch Blutreliquien. Über diese wenig bekannten Reliquien und Heilig-Blut-Wallfahrtsorte soll hier berichtet werden:

### BLUTRELIQUIE IN BRÜGGE (BELGIEN)

Die Reliquie des Kostbaren Blutes befindet sich seit 1148 in Brügge, wo sie in der Basilika zum Heilig-Blut aufbewahrt wird. Zahlreiche Wunder haben seit Jahrhunderten stattgefunden. Jährlich findet die historische feierliche Prozession mit dem Heilig-Blut statt.
Die kostbare Reliquie des Heiligen Blutes ist ein Geschenk von Tierry von Elsass an seinen Bruder Baudouin III., König von Jerusalem, als Belohnung seiner Dienste im Heiligen Land. Er übergab die Reliquie in Brügge 1148, wo sie in der Kapelle der Basilika verwahrt wurde.
Der Reliquienschrein des Heiligen Blutes in Brügge ist aus massivem Gold und mit Diamanten besetzt, eine Stiftung der Erzherzöge Albrecht und Isabelle. Der kostbare Schrein steht in einem fein gearbeiteten silbernen, von sechs Säulen getragenen und mit drei Türmchen bekrönten Tempel (61 cm breit, 129 cm hoch). An der höchsten Spitze des Tempels (ein Geschenk der Stadt Brügge) befindet sich ein Pelikan, der sein Blut zur Nahrung spendet.
Die Aussetzung der heiligen Reliquie findet am Freitag, jede Woche von 6.00 bis 11.30 Uhr statt; ebenso am Gründonnerstag von 15.00 bis 17.00 Uhr; am Karfrei-

tag von 6.00 Uhr bis Mittag und von 15.00 Uhr bis 21.00 Uhr. Während der 15tägigen Feier vom 3. bis 17. Mai: von 6.00 bis 11.30 und von 15.00 bis 18.00 Uhr.
Angesichts der Heilig-Blut-Reliquie in Brügge floss aus der Feder des Priesters Guido Gezelle (1830—1899) die geistliche Dichtung über das mystisch geopferte Weihrauchkorn:

Trän aus Lärch- und Zedernstamme,
Gebetes Bild,
Drin Feuer spielt
Und Funkeln von des Herzens Flamme!

Die Heilig-Blut-Prozession zu Brügge, die alljährlich am ersten oder zweiten Montag im Mai stattfindet, geht auf viele Jahrhunderte zurück — in die Zeit der spanisch-österreichischen Niederlande. So erinnert die Prozession an die «Semana Santa» in Sevilla oder an das Passionsspiel in Oberammergau/Oberbayern. Nur wird in Brügge die Passion des Herrn in Form einer Prozession vor Augen geführt.
Wehende Fahnen mit dem flandrischen Löwen und Banner mit den historischen Szenen von «Christi-Blut» rauschen unter dem Wind des Ozeans auf. Reiter erscheinen, dann ein Trommlerkorps (wie in Sevilla), gefolgt von einem Musikchor mit Trompeten, Posaunen und Flöten. — Maria, die Patronin von Brügge, eröffnet den Zug. Die Madonna, unter einem Rosenbogen thronend, wird getragen von schwarzen Schwestern aus Belgisch-Kongo; die Muttergottes, angetan mit einem wallenden Schleier aus kostbaren Brüsseler Spitzen und in einem Gefolge von Schleppenträgerinnen.
Erst werden die Vorbilder des Heiligen Blutes zur Darstellung gebracht. Sodann wird die Prozession zum Mysterienspiel: der Einzug Jesu in Jerusalem, die Einsetzung der heiligen Eucharistie, das Ecce-Homo-Bild aus der Heilig-Blut-Kapelle, Christus trägt das

schwere Kreuz durch die Strassen, eskortiert von römischen Legionären; die Kreuzigung, dargestellt durch ein Golgathabild. Hierauf folgen 50 klagende Frauen, die Gewänder in Violett und Anthrazit. Schemenhaft getanzter Glaube — ein erschütternder Anblick. Es folgt Joseph von Arimathäa, der das «Heilige Blut» in güldener Schale auffing, umgeben von betenden Jüngern.

«Die heiligen Festzeiten einzuhalten» war schon vor 2000 Jahren in dem von Christi Blut getränkten Heiligen Land strenge Vorschrift. — Im Jahre 1947 wurden von Beduinen-Hirten in den Felsen von Qumran hebräische Schriftrollen aufgefunden. Die siebte Rolle war ein Geheimnis, niemand konnte die stark verharzte Rolle öffnen. Doch nach monatelanger überaus mühsamer Arbeit gelang es dem Konservator der Pinakothek in München, Professor Biberkraut, die Handschrift zu öffnen und mit Hilfe infraroter Strahlen zu lesen. Es stellte sich heraus, dass dieses Manuskript in aramäischer, in der Sprache Christi, geschrieben ist. Es ist das erste apokryphe Buch der Bibel, das in der Ursprache auf uns gekommen ist.

Welche Gottesfurcht damals herrschte, besagt das Buch der Unterweisung: «Die Brüder sind verpflichtet, gemäss der Ordensregel zu leben: das Gute und Rechte in den Augen des Herrn zu tun. — Die in den Orden Eintretenden haben all ihren Glauben, ihre Kraft und ihren Willen einzubringen; sie dürfen nicht von den Wegen Gottes abweichen und ‚die heiligen Festzeiten haben sie pünktlich einzuhalten'. — Der Geist der Wahrheit erleuchtet das Herz; es ist zugleich der Geist der Demut, des Erbarmens, der Klugheit, Weisheit und Stärke, der die Werke Gottes und seine Gnade erkennt.»

Im Laufe der Jahrhunderte entstanden die Karaer (hebr. Karaim, Schriftforscher), die sich streng an die Heilige Schrift halten.

Der dänische Prinz Briccius wurde am byzantinischen Hofe Feldherr. Eines Tages wollte er in seine Heimat zurückkehren, um den christlichen Glauben zu predigen. — Im Hochaltar der Hagia Sophia von Konstantinopel verwahrte man ein Fläschchen, welches einige Tropfen des heiligen Blutes enthält, das aus einem Christusbilde, welches eines Ungläubigen Hand durchstochen hatte, geflossen ist. Diese kostbare Blutreliquie schenkte Kaiser Konstantin VIII. seinem geliebten Feldherrn Briccius zum Abschied.
Hochbeglückt zog anno 914 der fromme Prinz mit dem heiligen Blut seines Weges. Er mied jedoch die grossen Heer- und Salzstrassen, da die Gefahr bestand, dass man ihm die kostbare Reliquie wieder abjagte; so kam er auf dem alten Glocknerweg über die Tauern. In einer stürmischen Schneenacht versagten seine Kräfte, und es begrub ihn eine Lawine. Aus seinem Herzen wuchsen drei grüne Weizenähren über den Schnee hervor. So fanden Gebirgler seinen entseelten Leib und die Blutreliquie.
Heute befindet sich das Grab des seligen Briccius in der Krypta der Wallfahrtskirche Heiligenblut am Grossglockner und im Sakramentshaus wird in einer Monstranz das Fläschchen mit dem heiligen Blut verwahrt, tausendmal kostbarer als all das Tauerngold und die Smaragden.
Viele Pilger aus Kärnten, Salzburg und Tirol kamen im Laufe der Jahrhunderte nach Heiligenblut und fanden Erhörung in ihren Anliegen.
1852 pilgerte Kaiser Franz Joseph ins Heilige Land und stiftete in Nazareth den Verkündigungs-Altar aus Salzburger Marmor. Die Leuchter tragen den österreichischen Doppeladler.
Die Habsburger führen bekanntlich den Titel «König von Jerusalem». Unter den Juden gibt es eine Gruppe,

die sich «Hüter des Gesetzes» nennen. Beim Hissen der weissblauen Fahne des Staates Israel in Jerusalem fragte eine Abordnung dieser streng orthodoxen Juden beim österreichischen Generalkonsul an, ob nicht die Habsburger die Führung übernehmen könnten.
Die mit den Wundmalen Christi begnadete Maria von Mörl in Kaltern/Südtirol, sah oft vor dem Allerheiligsten im Tabernakel grosse Scharen von Engeln in tiefster Anbetung. Sie machte einmal dem Geistlichen der Pfarrkirche Vorwürfe wegen seinem Mangel an Ehrfurcht. — In den Freitags-Visionen sah sie den Heiland blutüberströmt. Joseph von Görres schildert diese Passion in seiner «Christlichen Mystik, Bd. II». — 1849 kam Erzherzogin Sophie, Tochter des Königs Max Joseph von Bayern, nach Südtirol, um ihren kaiserlichen Sohn Franz Joseph dem Gebete der Ekstatischen von Kaltern zu empfehlen. —
Dem Gubernialrat Buol, der an ihre mystische Begnadung nicht glauben wollte, überreichte die Stigmatisierte ein Bild des ungläubigen Thomas. Antonie von Giovanelli litt an furchtbaren neuralgischen Gesichtsschmerzen. Als Maria von Mörl für sie gebetet hatte, hörten die Schmerzen schlagartig auf; jedoch blieb ein Hang zu neuralgischen Schmerzen zeitlebens bestehen. Hier handelt es sich um eine Gebetserhörung und nicht um ein Wunder. Das eigentliche Gebetsapostolat der Stigmatisierten galt immer der Kirche und der katholischen Vormacht Österreich, Papst und Kaiser, Altar und Thron. — Wenn sie nach Mitternacht auch nur einen Schluck Wasser genossen, traute sie sich aus tiefster Ehrfurcht nicht zu kommunizieren. Sie starb 1868 an Leukämie. Von einem Fenster ihres Zimmers im Kloster der Terziarinnen sah sie auf den Hochaltar der Kirche. Ihr ständiges Stossgebet lautete: «Mein Jesus, alles Dir zu lieb!»

Es gibt Menschen, die tragen innerlich in tiefster Seele die Wundmale Christi, die sich durch eine ausserordentliche göttliche Begnadigung in Musiktönen offenbaren können. Darüber prägte der seelenkundige Geistliche Dr. Martin Mayr vor einem halben Jahrhundert in München die denkwürdigen Worte: «Der betende Beethoven — er schrieb die Missa solemnis auf den Knien. Im ‚Heiligenstädter Testament' rief er aus: ‚O ihr Menschen . . . bedenket, dass seit sechs Jahren (Taubheit seit 1796) ein heilloser Zustand mich befallen. — Ich bitte Gott, dass ich, solange ich noch hier den Tod im Leben erleiden muss, vor Mangel geschützt werde.'»
Aber Beethovens schönstes Beten steht in seinen Partituren. Denn seine Musik ist zugleich Beethovens Blut, Ringen, Leiden, Gottglauben, Ewigkeitshoffen. Seine Musik ist eine Offenbarung Gottes. Sie wird zum Gottesbeweis. In Beethovens Werken finden sich Melodienströme, Klangfarbenzauber, eine berückende, bis zu Tränen der Wonne und des Mitblutens zermürbende Ausdruckskraft, die sich nicht aus der Instrumentalkunst der Musikakademien allein deuten lassen. Der Gott-trunkenste Beethoven ist im Adagio, im dritten Satz der neunten Symphonie zu finden. Dort der Prometheus, der gegen Taubheit und Einsamkeit kämpft mit hundert Wunden und Narben; hier im Adagio wird alles zum Bild eines im traumsüssen Schlafe Genesenden; dem eine barmherzige Hand die blutigen Strähnen aus der Stirne streift und den Frieden, den die Welt nicht geben kann, über ihn schüttet. Jetzt ist er vollends getroffen von heilender, zur letzten Duldergrösse reifender Gnade. Selige Ergebung und namenloses Entzücken. — Beethoven betet, riesenhaft hineinwachsend in eine silberblaue Nacht, mit den Knien auf der Erde, die Stirne an den Himmel gelehnt, die be-

trachtenden Gedanken, berauschend an Gottes gütiger Vorsehung und an der Verheissung, die die Trauernden selig preist. — Was Beethoven in der Vision und im Gebet erfuhr, verkündete er aller Welt im ‚Adagio molto e cantabile' der ‚Neunten', seine letzte Symphonie.»

## DEIN ALLTAGS-KREUZ

Am Kreuz hat Christus sein Blut vergossen. Christi Kreuz und Christi Blut gehören zusammen. Wenn du Gott das Kostbare Blut Jesu aufopferst, dann darfst und sollst du auch dein tägliches Kreuz miteinschliessen. Über das Kreuz sagt der heilige Franz von Sales, der berühmte Lehrer des geistlichen Lebens:
«Gottes ewige Weisheit hat Dir Dein Kreuz gegeben als sein kostbarstes Geschenk. Bevor er Dir dieses Kreuz schickte, hat er es gemustert mit seinem allwissenden Auge. Er hat es durchdacht mit seinem göttlichen Verstand. Er hat es geprüft mit seiner weisen Gerechtigkeit, durchwärmt mit liebendem Erbarmen. Er hat Dein Kreuz gewogen mit seinen beiden Händen, ob es nicht einen Millimeter zu gross, ein Milligramm zu schwer sei. Dann hat er es noch gesegnet mit seinem heiligen Namen, gesalbt mit seiner Gnade, durchhaucht mit seinem Troste. So kommt Dein Kreuz aus dem Himmel als ein Gruss des gütigen Vaters.»

## HEILIG BLUT IN NIEDERACHDORF (NIEDERBAYERN)

Der Soldat Longinus hat nach dem Tode des Heilandes die Seite Jesu mit der Lanze geöffnet, worauf Blut und Wasser herausfloss (Jo. 19, 34). Nach der Überlieferung bekehrte sich Longinus und schloss sich den Christen an. Die Liebe Christi drängte ihn und so

grub er den Boden unter dem Kreuzesstamm auf und sammelte blutgetränkte Erde, die er sorgfältig in einem Bleikästchen verwahrte.
Er wanderte mit seinem kostbaren Schatz nach Kappadozien in Kleinasien und verkündete den Heiden die Erlösung durch den Gekreuzigten. Er starb den Märtyrertod. Freunde begruben den enthaupteten Martyrer in Kappadozien und fügten dem Leichnam das Bleikästchen der heiligen Bluterde mit der Aufschrift ‚Sanguis Christi' bei. — Durch die Teilung des römischen Reiches gelangten die Gebeine nebst dem heiligen Blut Christi nach Konstantinopel. Um 550 schenkte der oströmische Herrscher die heiligen Reliquien an einen weströmischen Kirchenfürsten und so kam das heilige Blut nach Mantua (Oberitalien). Beim Einfall der Langobarden vergrub man (um 580) die Gebeine des heiligen Longinus samt der Bluterde. Erst im Jahre 804 entdeckte man die kostbaren Reliquien. Papst Leo III. schenkte Kaiser Karl dem Grossen Teile vom echten Blut Christi. — Hochbeglückt brachte der Kaiser die Blutreliquien über die Alpen, wo sie heute noch in einzelnen Kirchen verehrt werden. So auch in Niederachdorf, Pfarrei Pondorf/Donau.
Die Geschichte der Wallfahrt zum Heiligen Blut in Niederachdorf (Niederbayern) besagt, dass anlässlich der Restaurierung des altehrwürdigen Andreas- und Nikolauskirchleins eine kleine Bleirolle voll blutgeröteter Erde mit der Aufschrift ‚Sanguis Christi' — ‚Blut Christi' — im abgebrochenen Altarstein gefunden wurde. Diese Bleirolle mit Christi Blut hatte um 1500 der damalige Bischof von Regensburg bei der Konsekration in den Altarstein eingemauert. Am 9. Oktober 1700 konsekrierte der Regensburger Weihbischof Graf Albrecht den erneuerten Hochaltar in der an die alte Kapelle angebauten Rotunde und schenkte zur entdeckten Blutreliquie noch einen zweiten Partikel vom eingetrockneten Blut aus der Seitenwunde Jesu.

Dieser zweite Partikel mit dem reinen unvermischten eingetrockneten Blut Christi wurde, wie der Chronist berichtet, 1630 durch Kardinal Franz Wilhelm, Bischof von Regensburg, mit Bewilligung des Papstes Urban VIII. vor den Ketzern gerettet und in Regensburg sicher aufbewahrt.
Der Kardinal legte beide Reliquien versiegelt in eine silberne, innen vergoldete Kapsel und bewilligte, dass man dieselben aussetzen und als wahres hochheiliges Blut Jesu Christi verehren dürfe.
Im Jahre 1714 stiftete Josef Clemens, Herzog von Bayern, Bischof von Regensburg und Kurfürst von Köln, zur Danksagung nach glücklich überstandenen Kriegs- und Pestzeiten die Heilig-Blut-Monstranz für beide Heilig-Blut-Reliquien zur würdigen Aussetzung. An den Hochfesten wird das heilige Blut den Wallfahrern zum Kusse gereicht. — Viele wunderbare Heilungen, Gebetserhörungen und Bekehrungen fanden im Gnadenort zum Heiligen Blut statt.
Es ist die einzige Heilig-Blut-Wallfahrt der bayrischen Nation. Die Chronik gibt die Zahl der Wallfahrer im Jahre 1722 mit 38 400 an. Aus einer Entfernung von 30 und 40 Stunden erschienen die Pilger in feierlicher Prozession zur Verehrung des kostbaren Blutes. Sechs Priester, die der hochwürdigste Bischof von Regensburg sandte, reichten kaum hin, die vielen bestellten Messen zu lesen. Gott belohnte das fromme gläubige Volk. Die Chronik berichtet: Es scheint, als erneuere der liebe Heiland an dem Orte, wo sein heiliges Blut verehrt wird, sein wunderbares Wirken einst auf Erden. Blinde erhielten ihr Augenlicht wieder, Taube das Gehör, Krüppel und Lahme, plötzlich geheilt, hüpften vor Freude und Dank, liessen ihre Krücken liegen und eilten gesund und froh der Heimat zu.
Verstockte Sünder wurden durch den Anblick des hochheiligen Blutes zu Tränen gerührt, taten Busse und kehrten reuig nach Hause zurück. In der kurzen

Zeit von zwei Jahren — von 1700 bis 1702 — sind 120 Gebetserhörungen aufgezeichnet, versehen mit Namensunterschrift der eidlich vernommenen Zeugen und den mit amtlichen Siegeln versehenen Protokollen.
Am 15. Juli 1849 übernahmen die Redemptoristen die Wallfahrtseelsorge von Heilig Blut in Niederachdorf. Am 16. November 1894 ernannte der hochwürdigste Bischof Ignatius von Senestrey in Regensburg einen Pater der Redemptoristen zum Wallfahrtsdirektor. Mit Genehmigung des Prinzregenten Luitpold von Bayern durften die Redemptoristen ein eigenes Kloster in Niederachdorf besitzen, mit zehn Patres und einer Anzahl Brüder. In sieben Medaillons, kostbare Freskogemälde, sind die sieben Blutvergiessungen Christi dargestellt.

Besondere Festtage der Wallfahrt zum Kostbaren Blut:

1. Erster Freitag im März
2. Der schmerzhafte Freitag
3. Das Fest vom Kostbaren Blute (1. Juli): Hauptfest der Erzbruderschaft vom Kostbaren Blute Jesu Christi
4. 15. September (Maria sieben Schmerzen): Hauptfest der Rosenkranzbruderschaft
5. 18. Oktober: Translationsfest, Erinnerungstag an die feierliche Überführung der Blutreliquie von Pondorf nach Niederachdorf (18. Oktober 1700)
6. Allerseelensonntag: Hauptfest der Bruderschaft zum Troste der Armen Seelen im Fegfeuer.

In der Hauskapelle vor der wunderbaren Statue der «Königin vom Siege» in Castrezzato erhielt eine begnadete Seele von der Muttergottes am 13. August 1972 die Botschaft:
«Ihr müsst beten für die Geistlichkeit, die Missionäre, für die ganze Welt. Die moderne Welt will Jesus nicht; sie gefällt Ihm nicht. Du schreibst Bücher — siehe den Lohn, den Jesus dir geben wird, da du (deine literari-

schen Talente) anbietest; denn dies ist das Gute, das du vielen Menschen erweisen wirst. Ich habe dich im Geheimen gerufen, denn vor andern konnte ich es nicht mitteilen. Du wirst ein Gebetbuch zusammenstellen, du wirst es verbreiten. Und wieviele Seelen werden durch euer Gebet sich retten! — Die Priester wollen der modernen Welt folgen, und so fordern sie ein schweres Strafgericht heraus. Wenn ihr betet, könnt ihr es mildern und habt ein grosses Verdienst bei Gott.»

«Wer ein gutes Buch schenkt und dabei kein anderes Verdienst hätte, als einen Gedanken für Gott entfacht zu haben, hat sich schon dadurch ein unvergleichliches Verdienst bei Gott erworben. Gott allein weiss, wieviel Gutes dabei gestiftet wird, denn viele Seelen werden dadurch gerettet, viele vor dem Irrtum bewahrt und im Guten ermutigt.» Hl. Don Bosco

Der Segen des Kreuzes ist der Segen des Blutes Christi. Es ist das Zeichen des immerwährenden Sieges. ‚In hoc signo vincis'. Der Segen des heiligen Franziskus lautet: Der Herr segne dich und bewahre dich. Er zeige dir sein Angesicht und erbarme sich deiner. Er wende sein Angesicht zu dir und gebe dir den Frieden. Der Herr gebe dir seinen heiligen Segen. Amen.
Der grosse Segenspriester Franz Sales in Niederbayern schrieb anno 1830 an Bischof Michael Sailer von Regensburg seine apokalyptische Vision über den Triumph der heiligen Kirche — strahlend in Christi Wunden:

Herrlich wölbt sich das Gebäude
Wie ein klarer Regenbogen;
Offen sind die weiten Pforten,
Dass hinein die Völker wogen.

Seine Mauern sind von Golde,
Hell, geschliffen und poliert,
Auch mit vielen Edelsteinen
Und mit Perlen reich geziert.

Durch die offnen Flügeltore
Sah ich jetzt zum Hochaltare;
Dorten, ausgespannt am Kreuze,
Hing das Opferlamm, das wahre.

Seine Stirne ist mit Rosen,
Nicht mit Dornen mehr umbunden;
Kränze schmücken seine Arme,
Herrlich strahlen seine Wunden.

Jesus löst vom Kreuz die Arme
Mit den blühenden Girlanden
Und er schenkt von seinen Wunden
Süsse Düfte auf die Landen.

In dem Himmel wie auf Erden
Ihm die Knie alles bieget
Und ich höre eine Stimme:
Jesus Christus hat gesieget.

Christus vincit, Christus regnat, Christus imperat.

## DAS SCHEYERER KREUZ

Das Scheyerer Kreuz ist ein aus mehreren grossen Partikeln des wahren Kreuzes Christi zusammengefügtes Doppelkreuz, das im zwölften Jahrhundert aus Jerusalem durch wittelsbachische Grafen in das Benediktinerkloster Scheyern in Bayern kam und seither dort als teuerster Schatz bewahrt und von Gläubigen aus nah und fern hoch verehrt wird. Diese kostbare Reliquie wird bei besonderen Anlässen auf dem Hochaltar ausgesetzt und wird mit einem Segensgebet den Gläubigen aufs Haupt gelegt. Es gilt als Schutzpanier gegen Blitz und Ungewitter und alle Mächte der Finsternis, gegen die es seine siegreiche Kraft oft wunderbar bewährt.

Fest: 3. Mai, Kreuzauffindung durch die heilige Kaiserin Helena.
Wir beten Dich an, Herr Jesus Christus, und benedeien Dich, denn durch Dein heiliges Kreuz hast Du die ganze Welt erlöst. (100 Tage Ablass)
Sehet das Kreuz des Herrn! Fliehet ihr feindlichen Mächte! Gesiegt hat der Löwe aus Juda, die Wurzel Davids. (100 Tage Ablass)

Kostbares Blut Jesu,
Am Kreuze vergossen,
Segne dieses Haus,
Nimm es unter Deinen Schutz.

Ein wunderbares Ereignis ist aus dem Jahre 1668 zu verzeichnen. Als der Halbmond immer mehr das christliche Abendland bedrängte, mehrten sich die Anbetungsstunden vor den Tabernakeln, und Gott gab ein Zeichen: Ein Kreuzpartikel blieb inmitten des Feuers in der Wiener Hofburg unversehrt erhalten. Und als nach 15 Jahren die Türken vor den Mauern der Kaiserstadt Wien standen, bewahrheiteten sich die Worte: «In hoc signo vincis».
Es war der Sieg des Kreuzes über den Halbmond.

## DIE HEILIG-BLUT-BASILIKA IN WEINGARTEN

Die riesige Barockbasilika in Weingarten ist der grösste barocke Kirchenbau Mitteleuropas.
Abt Berthold (1200) liess den seinem Gotteshaus anvertrauten Heiligblut-Schatz in Gold und Silber fassen. Die Chronik berichtet: «Diesen Schatz verehrte Kaiser Karl IV. lange Zeit unter innigem Gebet und heisser Andacht.» — Abt Sebastian Hyller lässt die heilige

Reliquie noch kostbarer in Gold und Edelstein fassen und gibt dem ganzen Heiligblut-Dom den Ehrentitel: «Die Zufluchtstätte des Landes».

In Mantua, wo das Heiligblut vergraben lag, steht auf einer Broncetafel: «Wirf dich nieder, Pilger, und verehre den Preis deiner Erlösung.»

Am 3. Oktober 1718 schloss Abt Hyller mit dem berühmten bayerischen Hofmaler Cosmas Damian Asam den Vertrag. Asam brachte in den Gewölben die Geschichte des heiligen Blutes zur Darstellung: In eine leuchtende Sonne malte er das heilige Kreuz hinein als Zeichen des Triumphes. Neben dem Kreuz steht der verklärte Erlöser, mit der Hand auf sein geöffnetes Herz zeigend, um alle Mühseligen und Beladenen einzuladen. Auf einer Wolke kniet voll Ehrfurcht der römische Soldat Longinus. Ein Engel hält die Lanze, welche das Herz des Gottessohnes geöffnet hat. Ein Blutstrahl zieht sich vom Herzen Jesu über das ganze Bild hinweg bis zu den Augen des heiligen Longinus; denn das Blut und der Opfertod des Herrn erleuchteten Longinus, so dass er zum Glauben fand.

Das Reliquiar des heiligen Blutes befindet sich unter dem Kreuz, wo Longinus das Blut gesammelt hatte. Auf der unteren Hälfte des Bildes sind die Hilfesuchenden dargestellt, die auf das Gebet «Blut, du Arznei der Welt, heile uns» geheilt wurden. Mit diesem Gemälde hält Asam seit Jahrhunderten eine Predigt, dass das Blut Christi eine Arznei für seelische und körperliche Leiden ist, wo alle irdischen Mittel versagen.

Das von dem Soldaten Longinus unter dem Kreuz gesammelte Blut und später in Mantua verborgene heilige Blut wurde dort 1048 aufgefunden. Es kam zur Teilung: die Stadt Mantua, Papst Leo IX. und Kaiser Heinrich III. Der Kaiser schenkte die Blutreliquie dem Grafen Baudouin von Flandern, welcher sie seiner Tochter Judith schenkte. Am Freitag nach Christi Himmelfahrt des Jahres 1090 — es war der 31. Mai —

übergab die Herzogin Judith die Reliquie des heiligen Blutes dem Kloster Weingarten. Die Chronik verzeichnet: «Sie brachte das Heiligste Blut Christi in der Furcht Gottes gleich süssduftendem Weihrauch, mit welchem sie diesen Ort erquickte.»
Nahe bei Weingarten lag die Herrschaft Wolfegg. Im Dreissigjährigen Krieg zogen die Schweden mordend und plündernd durch das Land. Graf Max Willibald, kaiserlicher Feldmarschall-Leutnant, verteidigte 1646 standhaft die Feste Lindau im Bodensee gegen die Schweden. Da sie Lindau nicht einnehmen konnten, setzten sie das Schloss Wolfegg in Brand. Zu dieser Zeit musste das heilige Blut geflüchtet werden. Bei Nacht und Nebel brachte es P. Gabriel Bucelin in Sicherheit nach Feldkirch / Vorarlberg. Nach dieser Schreckenszeit entstand in Weingarten die Heilig-Blut-Bruderschaft. Papst Clemens X. hat sie auf die Bitte der Kaiserin Eleonora (Gemahlin von Kaiser Ferdinand II). im Jahre 1671 mit der Bulle «Coelestium munerum» errichtet. Diese Urkunde wurde bis zur Säkularisation im Archiv des Klosters verwahrt. Eine Abschrift der Urkunde nebst Gebetserhörungen findet sich in dem Büchlein von P. Longinus Fessler, das 1735 in Weingarten gedruckt wurde. Der Wunderbericht ist betitelt: «Der wunderwirkende, auf dem heiligen Kalvarienberg entsprungene Gnadenbrunn.» — Für den Tag des Eintritts in die Heilig-Blut-Bruderschaft verleiht der Papst einen vollkommenen Ablass nach Beicht und Empfang der heiligen Kommunion. Wer den Blutfreitag besucht und andächtig mitfeiert, für den Frieden und die Anliegen der heiligen Kirche betet, erlangt dieselbe Gnade. 78 000 Gläubige aus allen Erdteilen haben sich in die Heilig-Blut-Bruderschaft eintragen lassen. Auch heute noch kann man dieser Bruderschaft beitreten. Papst Clemens sagt in der Stiftungsurkunde: «Gegenwärtiger Gnadenbrief soll zu ewig-künftigen Zeiten in Kraft bleiben.»

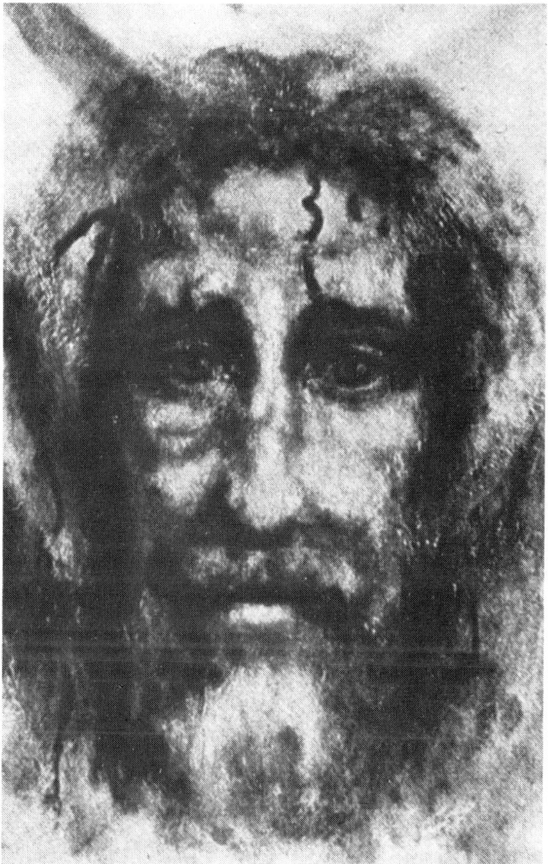

Die eindrücklichste Blut-Reliquie ist das Leichentuch von Turin. Das obige Gemälde von Ballester trägt genau die Gesichtszüge, wie sie auf dem Turiner Grabtuch aufscheinen.

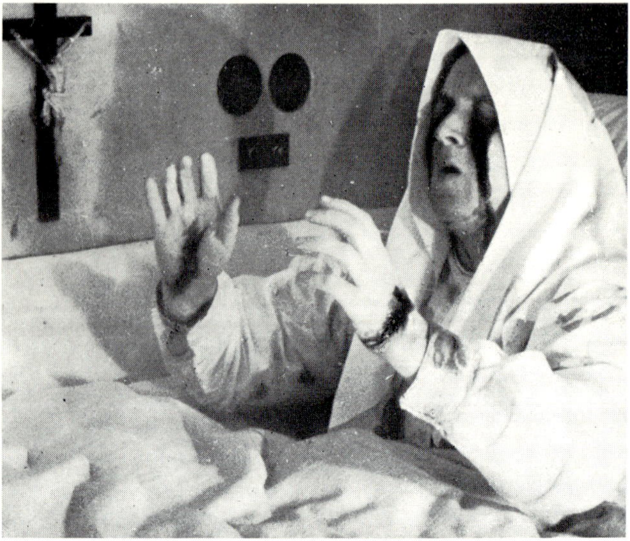

Auch das Blutzeugnis der Stigmatisierten ist von grosser Eindrücklichkeit. Hier sehen wir Therese Neumann bei der Kreuzigungsvision.
Aus dem Buch von Dr. Johannes Steiner, Visionen der Therese Neumann, Verlag Schnell & Steiner, München.

Und jeden Abend, wenn der Tag sich neigt, wird der Segen mit der Heilig-Blut-Reliquie vom Altar in Weingarten aus gespendet — über Stadt und Land, über die ganze so erlösungsbedürftige Welt. Schon in aller Frühe erwartet das Heilige Blut bei der Aussetzung am Blutaltar die Menschen mit Segen.

Jedes Jahr am Blutfreitag, dem Hochfest der Benediktiner-Abtei Weingarten, findet der feierliche Blutritt statt. Unzählige Wallfahrer aus dem Allgäu, aus Österreich, der Schweiz und Frankreich folgen der Prozession der Heiligblutritter. Kurz nach Sonnenaufgang läutet die Hosannaglocke. Die Pilger stauen sich auf den Trottoirs der engen Gassen. Bei dem eigenartigen Klang der Heilig-Blut-Glocke, die in der Mitte des Zuges hinter der Heilig-Blut-Fahne geschwenkt wird, und dann beim Anblick der Heilig-Blut-Reliquie, mit der ein Pater des Klosters hoch zu Ross den Segen erteilt, verstummen alle Pilger und knien ehrfürchtig nieder.

Am Blutfreitag 1951 hielt der nachmalige Kardinal-Erzbischof von München-Freising, Dr. Joseph Wendel, die Festpredigt in Weingarten. Damit Gottesblut besonders reichlich niedertropfe, wurde in München eigens eine Pfarrkirche «Heilig-Blut» errichtet. Täglich um 18.30 Uhr wird der Rosenkranz zum heiligen Blut gebetet, sagte doch am 7. Oktober 1947 die allerseligste Jungfrau in Kerizinen (Bretagne): «Bei jedem Wort des Rosenkranzes, der gebetet wird, lässt Jesus sich rühren und lässt auf die Seele eines Sünders einen Tropfen von seinem Blut fallen.»

Die heilige Katharina von Siena sagt: «Das Blut des Lammes ist dereinst unter so grossem Liebesfeuer vergossen worden, dass es keinen Sünder gibt, der darin nicht Gnade fände.»

Sankt Chrysostomus schrieb über diesen himmlischen Schatz: «Eine Seele, die sich in dieses göttliche Blut versenkt, wird rein und schön gleich Gott.»

Weingarten ist das Heiligtum mit dem Herzblut Jesu. Das heilige Blutöl wird am Karfreitag mit dem heiligen Blut geweiht, vor dem die Geister der Unterwelt weichen.

## DAS KOSTBARE BLUT IN ST. GEORGENBERG-FIECHT/TIROL

Die Benediktiner-Abtei St. Georgenberg-Fiecht (Österreich) verdankt ihr Entstehen dem bayrischen Adeligen St. Rathold von Aibling, der hier mit seinem Gefolge Klösterlein und Kapelle erbaute. Eine Urkunde in der Klosterkirche berichtet von einem eucharistischen Blutwunder: «Im Jahre 1310 las ein Priester in dieser dem heiligen Georg und dem heiligen Apostel Jakobus geweihten Kirche die heilige Messe. Es kam ihm der Zweifel, ob unter der Gestalt des Weines wirklich und wahrhaftig das Blut Christi enthalten sei. Und siehe! Da wurde die weisse Gestalt des Weines sogleich blutrot. Und das heilige Blut selbst fing an, im Kelch aufzuwallen. Starr und blass vor Schrecken stand der Priester am Altar. Der Abt, seine Konventualen und viele Wallfahrer überzeugten sich von dem Vorfall.»
Der Abt hinterlegte einen Teil des Blutes in einem Gefäss im Tabernakel des Hochaltares.
Bischof Georg von Brixen liess 1472 von Abt Johannes Lösch von Wilten und den Pfarrern Sigmund Thaur und Kaspar von Absam die Sache untersuchen, worauf die Verehrung des heiligen Blutes empfohlen wurde. Für das heilige Blut in einer Monstranz liess Abt Kaspar II. einen Tabernakel aus weissem genuesischem Marmor anfertigen. Es pilgerten u. a. Rupert, Herzog von Bayern, und der Bischof von Chiemsee nach St. Georgenberg. Johannes, Bischof von Triest, und Georg, Bischof von Brixen, verliehen einen Ablass von 40 Tagen allen, welche vor dem heiligen Blut drei

Paternoster und Ave beten zur Ausrottung der Irrlehre. — Bald zeigte sich der Erfolg, nach einer Urkunde in der Wallfahrtskirche: «Als um 1593 die Lehre Luthers im Inntale den wahren Glauben zu verdrängen drohte, wurden die Mönche von St. Georgenberg gebeten, Glaubenspredigten zu halten. Abt Michael führte in der Pfarrkirche von Schwaz das heilige Blutwunder als Beweis für die Gegenwart Jesu im heiligsten Sakrament an. Er zeigte die Monstranz mit dem heiligen Blut auf der Kanzel seinen Zuhörern. Die ungläubigen Prediger waren genötigt, die Gegend zu verlassen, weil die von ihnen betrogenen Anhänger wieder zum alten, wahren Glauben zurückkehrten. Diesen vollständigen Sieg über die Irrlehre betrachteten die frommen Gläubigen dankbar als eine besondere Gnade, die der Herr seinen Verehrern des Kostbaren Blutes zuteil werden liess.»

Im April 1819 brach vor dem Kloster St. Georgenberg bei Schwaz ein Feuer aus, das sich auch dem umliegenden Wald näherte. Da nahm um Mitternacht ein Benediktinerpater das Allerheiligste aus dem Tabernakel und hielt es dem drohenden Feuer entgegen. Da legte sich sogleich der Wind und die Abtei ward gerettet.

Der Gnadenstrom, der von der St. Georgenberger Blutreliquie ausgeht, ist bis heute nicht versiegt; hat sich doch etwas Merkwürdiges zugetragen. Im Schatten des Heiligen Blutes, in Schwaz (Tirol) ist in unserer Zeit ein Priesterseminar entstanden nach dem Herzen Gottes. Wie Gottes Vorsehung die Menschen beruft, die Plätze der gefallenen Engel einzunehmen, so sind die Kleriker von Schwaz ausersehen, die blutenden Wunden zu schliessen, die heute so viele fahnenflüchtige Modernisten-Priester dem göttlichen Herzen zufügten. Wie der Apostel Matthias an die Stelle des Judas gewählt wurde, so sorgt Gott durch alle Jahrhunderte für die Opferpriester, damit vom Aufgang bis

zum Niedergang der Sonne das heilige Messopfer dargebracht werde.
Das Heilige Blut von St. Georgenberg strahlt segensreich im weiten Umkreis. So entstand auch in Ecône, oberhalb Martigny im Wallis in der Schweiz, ein Klerikalseminar, von dem Erzbischof Marcel Lefèbvre berichtet: «Wir lehren diese jungen Menschen, ihre Mutter, die Kirche, zu lieben, und dass das heilige Messopfer im Mittelpunkt des Priesterlebens steht. Wir bereiten sie darauf vor, einen Katechismus zu lehren, der wirklich das Offenbarungsgut enthält, wie es die unverfälschte Tradition überliefert.» — Zur Fundamentalregel gehört der Gebrauch der lateinischen Sprache und die Scholastik des heiligen Thomas von Aquin. — Das Seminar ist bereits überfüllt. Die Anschrift lautet: Internationales Priesterseminar St. Pius X., Ecône, CH-1908 Riddes/VS.
Gelobt und gepriesen sei die göttliche Vorsehung in alle Ewigkeit. — Immer wieder bewahrheitet sich das Sprichwort: Wo die Not am grössten, ist Gottes Hilf am nächsten.

## HEILIG BLUT AUF DEM CEBRERO-PASS (SPANIEN)

Nach Auffindung des Grabes des heiligen Apostels Jakobus pilgerten viele Christen aus ganz Europa nach Santiago de Compostela im Nordwesten Spaniens. Zu dieser Zeit gründete der französische Schlossherr Giraldo de Aurillac auf der Passhöhe des «Cebrero» (1300 m), vier Tagesmärsche von Santiago entfernt, eine Benediktiner-Abtei mit Pilgerhospiz.
Der Klosterchronist, Pater Yepes OSB., beglaubigte ein Blutwunder aus dem 13. Jahrhundert. Als eines Tages der Klosterkaplan beim heiligen Messopfer zweifelte, verwandelte sich die Gestalt des Weines sichtbar in

Blut! Unzählige St.-Jakobs-Pilger wurden dadurch im Glauben an die wahrhaftige Gegenwart Christi im Allerheiligsten Sakrament bestärkt.
Ende des 15. Jahrhunderts wallfahrteten die spanische Königin Isabella, «die Katholische», und Fernando von Kastilien mit Gefolge nach Santiago und übernachteten in der Abtei auf dem Cebreropass. Die Monarchen verehrten in tiefer Andacht die heiligen Reliquien und stifteten einen prächtigen Schrein zur würdigen Aufbewahrung des Kostbaren Blutes.
St. Ignatius von Loyola, einst Page am spanischen Königshof, war von Gott verwundet. Er hinkte wie Jakob und der heilige Kaiser Heinrich II., denen der Herr das Hüftgelenk berührte, und sie haben «Gott von Angesicht zu Angesicht gesehen» (Gen. 32, 31). Sie haben um ihre gottbefohlene Mission gerungen. — Am 21. April 1541 legten in Rom angesichts der heiligen Hostie die Gefährten des heiligen Ignatius die Profess ab und empfingen aus des Ordensstifters Hand Leib und Blut unseres Herrn Jesus Christus. — So wie der stigmatisierte Pater Pio, hatte er während dem heiligen Messopfer und dem Gebete die Gnade der Tränen; er sah, wie Gottes Blut niedertropfte. — 1544 schrieb er in sein Tagebuch: «Immer stand mir der Name Jesu vor Augen. In der heiligen Messe vergoss ich viele Tränen und ziemlich häufig verlor ich die Sprache. — Den ganzen Tag blieb Jesus bei mir. Auf allen meinen Gängen durch die Strassen fühlte und sah ich ihn bei mir.»

# *Heilig-Blut-Corporale*

## DAS HEILIG BLUT VON WALLDÜRN (ODENWALD)

Im Jahre 1330, als Kaiser Ludwig, der Bayer, das Heilige Römische Reich regierte, ereignete sich das Blutwunder von Walldürn. Nach alten Urkunden stiess der Priester Heinrich Otto bei der Feier der heiligen Messe in der Kirche des heiligen Georg aus Unachtsamkeit den Kelch mit dem schon konsekrierten Wein um. Auf dem Corporale, einem auf dem Altar ausgebreiteten Linnentuch, über das sich der Inhalt des Kelches ergoss, zeigten sich in blutroter Farbe das Bildnis Christi mit ausgebreiteten Armen und darum elf Christusköpfe. Papst Eugen IV., dem das Corporale vorgelegt wurde, gewährte der Walldürner Pfarrkirche einen vollkommenen Ablass allen, die während der Fronleichnams-Oktav die Kirche von Walldürn besuchen und reumütig die heiligen Sakramente empfangen.
«Wer Mein Fleisch isst und Mein Blut trinkt, der hat das ewige Leben — er bleibt in Mir und Ich in ihm» (Jo. 6, 53—57).
Das Wundercorporale mit dem heiligen Blut wird im Blutschrein verwahrt, der sich in der majestätischen Barock-Wallfahrtskirche befindet. Zehntausende von Pilgern suchen den berühmten Odenwald-Wallfahrtsort, südlich von Aschaffenburg, auf.
Schon viele verstockte Sünder bekehrten sich vor dem Kostbaren Blut und Kranke aller Art wurden plötzlich geheilt.
Walldürn war einst Römerkastell am zweiten Limes; um 1172 entstand hier im buchenreichen Odenwald eine Burg «de Durne». Unterhalb der Burg kreuzten sich die Strassen von Miltenberg und Würzburg. Ab

1277 unterstand Walldürn der kirchlichen Jurisdiktion des Hochstiftes Würzburg.
Durch das Konzil von Trient blühte Walldürn auf. Der aus Aschaffenburg stammende Priester-Magister Jodocus Hoffius schuf von 1586—1628 das Fundament der heutigen berühmten Wallfahrt. 30 000 Pilger kamen innert drei Tagen in Prozessionen von Aschaffenburg und Würzburg. Die älteste Beschreibung der Walldürner Wallfahrt wurde 1589 in Würzburg gedruckt. Und die Würzburger waren die ersten, die um 1600 in Prozessionen zum Kostbaren Blut nach Walldürn pilgerten. Im 19. Jahrhundert kamen jährlich Prozessionen aus dem Elsass (bis Strassburg) und der bayerischen Rheinpfalz. Die Prozessionen aus Würzburg, Aschaffenburg und Heidelberg gehen auf die von den Jesuiten geleiteten Marianischen Kongregationen zurück. Die Pilgerführer wurden für ihre Treue zum Heiligen Blut mit Ehrenpilgerstäben ausgezeichnet. 1671 stifteten edle Damen ein seidengesticktes Blutbild. Dem umgestürzten Kelch entsteigt der Gekreuzigte mit den dornengekrönten Veronikahäuptern. Zu beiden Seiten prangen rote und weisse Nelken sowie Granatäpfel.
Aschaffenburg opferte jährlich zwei grosse Kerzen, jede 25 Pfund schwer, welche das ganze Jahr beim Heilig-Blut-Altar brennen.
Die ursprünglich kleine gotische Kirche wurde von Lothar Franz von Schönborn, Bischof von Bamberg und Kurfürst von Mainz, durch einen herrlichen Barock-Bau ersetzt. Innert vierzehn Tagen wurden 7000 heilige Messen gelesen. Deshalb waren viele Altäre in den Seitenkapellen nötig. — Tag und Nacht war die Kirche geöffnet, bei dem grossen Andrang der Pilger. — Der italienische Hofmaler des Kurfürsten, Giovanni Francesco Marchini, malte die Gewölbe aus. Der Blutaltar besteht aus Alabaster. An den Reliefs führt der Bildhauer die Begebenheit des Blutwunders den frommen

Pilgern vor Augen. Der silberne Schrein für das Wundercorporale wurde 1683 in Augsburg angefertigt. — An den Wänden von vier Kapellen hat der Würzburger Maler Joseph Glantschnig die Wallfahrtslegende dargestellt.
Im Laufe des 18. Jahrhunderts erhielt die italienisch barocke Architektur durch den Stuck des Wanddekors im Louis-XVI.-Stil einen wahrhaft fürstlichen Charakter. Medaillons mit Kreuzwegstationen umrahmt vom «Bandlwerk», zarte Ornamente aus flächigen Bändern vor der lichten geweissten Wand und auf teilweise pastellfarbigem Grund, verbreiten ein zauberhaftes Fluidum. Eine Symphonie von Licht und Farbe. Die mächtige Orgel wurde 1722 von dem Mainfranken Christian Dauphin erbaut. — Die Kirche besass auch Geigen und Posaunen. Die Musikanten hatten eine eigene Kleidung zur Erhöhung der Feierlichkeit. Prozessionen aus Würzburg bestellten musikalische Hochämter.
Von der Kanzel mit dem Wappen des Kurfürsten-Erzbischof Lothar Franz von Schönborn sprach im Kulturkampf der wortgewaltige Bischof Emanuel von Ketteler († 1877 Burghausen/Bayern). Im 19. Jahrhundert predigten bayerische Redemptoristen.
Der Dichter Clemens Brentano, der die Visionen der stigmatisierten Augustinerin Anna Katharina Emmerich niederschrieb, beteiligte sich 1806 begeistert an der «romantischen» Wallfahrt zum Heilig Blut nach Walldürn im Odenwald.
Nach einer Legende wollte ein Vöglein dem Herrn am Kreuzesstamm die Nägel herausziehen. — «Kreuzschnabel heisst dies Vöglein, ist bedeckt mit Blut so klar, singt es tief im Fichtenwalde märchenhaft und wunderbar.»
In den Prozessionen wurde die Blutfahne bzw. ein Vortragsbild des Heiligen Blutes mitgeführt. Im Kirchenschatz von Aschaffenburg befindet sich ein wert-

volles silbergetriebenes Vortragsbild. Mittenwald in Oberbayern liess ein grosses Silberbild am Blutcorporale berühren, das heute noch in seiner Kirche verehrt wird. — Als Andenken nehmen die Pilger mit: geweihte rote Seidenfäden, Andachtszettel mit dem Bilde des Heiligen Blutes und die sogenannten Bluttüchlein, das sind geweihte Leinentüchlein mit einem roten Aufdruck des Blutbildes.
Die Wallfahrer küssen ehrfürchtig den Boden vor dem Heilig-Blut-Altar und beten dann in der altchristlichen Orantenstellung (mit ausgebreiteten Armen). — Seit 1938 betreuen Augustiner-Eremiten die Gnadenstätte zum Heiligen Blut. — Papst Johannes XXIII., ein besonderer Verehrer des Heiligen Blutes, erhob 1962 die Walldürner Pfarrkirche zum heiligen Georg zur Päpstlichen Basilika.

Ein Heilig Blut Herr Jesu Christ,
Das an dem Kreuz vergossen ist,
Auch zu Walldürn im Odenwald
Verehrt wird in Wundergestalt.

## BLUTTUCH VON RODALBEN

In Rodalben bei Pirmasens in der bayerischen Rheinpfalz lebte die fromme Familie Wafzig, die täglich den Rosenkranz betete. Im Juli 1951 erlitt die Tochter Anne-Louise einen Verkehrsunfall. Die Ärzte erklärten die Krankheit als unheilbar und dass der baldige Tod bevorstehe. Da offenbarte ihr die Muttergottes, dass sie am 24. November geheilt werde, vorher aber zur Übung der Sühne noch viele Anfälle erleiden müsse. Die Heilung erfolgte plötzlich und vollständig am 24. November 1951, wie es vorhergesagt wurde. Am 13. Juni 1952 wurde ihr eine Erscheinung zum Feste des Kostbaren Blutes, den 1. Juli, angekündigt, und ein für alle sichtbares Zeichen des Himmels versprochen. Einige Tage später wurde Fräulein Anne-Louise mitgeteilt, dass sie für diesen Tag ein Stück neues, weisses Linnen im Masse von 40 x 40 herrichten möge. Am 1. Juli überreichte Anne-Louise einem Priester dieses Tuch (in der Form eines Corporale) und bat ihn, es bis zur Erscheinungsstunde zu verwahren und es allen Anwesenden zu zeigen, damit sich alle überzeugen können, dass es ein einfaches Linnentuch ohne jede Zeichnung sei. Am 1. Juli um Mitternacht betete Fräulein Wafzig kniend den Wundenrosenkranz, während ein Pöbel mit zu dämonischen Fratzen verzerrten Gesichtern Steine gegen die Fenster warf. Da breitete die begnadete Seherin die Arme aus und begrüsste die Muttergottes. Der Pater überreichte das Linnentuch. — Da sprach die Muttergottes: «Nimm das Tuch und fange das Blut auf, das aus dem Herzen meines Sohnes quillt.» Nun sah der Priester auf dem Tuch einen blutigen Fleck, der sich vergrösserte und zu fliessen begann. Der Priester entfaltete das Tuch und es zeigte sich folgendes Bild: Aus einem blutroten Herzen fliesst links ein Blutstrahl in einen Kelch. Rechts über dem Kelch hat sich eine Hostie mit einem Kreuz gebildet. In stummer Ergriffenheit knieten die rund sechzig Zeugen vor dem eucharistischen Zeichen, das der Herr selbst geschenkt hatte. Bis zur Morgenstunde wurde davor gebetet.

Ein Engel sagte, die Kirche werde das Bluttuch anerkennen. Die Muttergottes wünscht, dass dieses Bluttuch viermal im Jahre ausgestellt und verehrt wird und zwar am 1. Januar (Namen-Jesu-Fest), 1. April, 1. Juli (Fest des Kostbaren Blutes), 1. Oktober. — Presse und Ordinariat fragten sich, ob es ein Wunder ist. In Gegenwart von Josef Wafzig und eines Priesters wurde das Bluttuch im Gerichtlich-Medizinischen Institut untersucht und festgestellt, dass das Zeichen auf dem Linnen reines frisches Menschenblut sei ohne Blutkristalle.

Anne-Louise Wafzig war jung, hübsch, gepflegt, tüchtig im Beruf — mit zwanzig Jahren war sie bereits Prokuristin auf der Bank —, sie war Führerin der katholischen Jugend, liebenswürdig im Umgang. Anfänglich hatte sie sich heftig gegen die Muttergottes-Erscheinungen gesträubt. Seit dem Sommer 1951 war sie mit einem Schweizer verlobt und wollte im Mai 1952 heiraten. Darum sagte sie zur Muttergottes: «Komme doch zu meiner Schwester oder zu irgend jemand, nur nicht zu mir.» Erst nach schweren seelischen Kämpfen habe sie an Weihnachten ihre Verlobung gelöst und sich ganz Maria angeboten. Sie hatte zweimal die Geisselung Christi mitgelitten und sie trug auch die Stigmata Christi, wenn diese auch für gewöhnlich nicht sichtbar waren. Am Gründonnerstag und Karfreitag 1952 hat sie die ganze Passion mitgemacht, bis sie in eine todesähnliche Ohnmacht fiel.

Nachstehend bringen wir Auszüge aus dem Augenzeugenbericht eines Ordenspriesters, der ebenfalls Zeuge des Blutwunders war. Name, Adresse und Photo dieses Augenzeugen, der seinen Bericht mit seinem priesterlichen Eidwort bezeugt, befinden sich im Verlags-Archiv. Wir zitieren:

Am Nachmittag des 1. Juli 1952 traf ich bei der Familie Wafzig in Rodalben ein. Da die angekündigte Erscheinung erst für den Abend vorausgesagt war, hatte ich genügend Gelegenheit, die Familie kennen zu lernen und unbefangen meine Beobachtungen anzustellen. Es sind schlichte, bescheidene und tiefgläubige Menschen, denen das Leben die unverkennbaren Merkmale der stillen Entsagung und ständigen Opferbereitschaft eingeprägt hat. Sie sind wirklich Eltern in dem gottgewollten Sinne, die nur ein Ziel kennen, nämlich für das seelische und leibliche Wohlergehen ihrer sechs Kinder zu sorgen. Ihre religiöse Haltung und Gebete gaben Zeugnis von echter, natürlicher und kerniger Frömmigkeit. Das Gleiche gilt von dem 22jährigen Sohn und den fünf Töchtern.

Was Anne-Louise Wafzig betrifft, hätte mein erstes Zusammentreffen mit ihr kaum eine solch aussergewöhnliche Begnadigung vermuten lassen. Sie ist ein natürlicher, aufgeschlossener, lebensfroher Mensch, abhold allen Übertreibungen, vor allem auf religiösem Gebiet. Ihre Einstellung ist überaus kritisch, fast rationalistisch. Es wird niemand gelingen, ihr von irgend welchen Dingen eine Überzeugung beizubringen, besonders jenen, die in den Bereich kirchlich approbierter Privatoffenbarungen gehören, ohne eine sachliche, wissenschaftlich gutfundierte Beweisführung. In ihrem Gebet, bei dem ich sie beobachtete, fanden sich sowohl im Ausdruck als auch in der Haltung keinerlei schwärmerische Gefühlshascherei oder irgend ein Kriterium von hysterisch Auffälligem. Trotzdem aber blieb mir bei dieser echten, unauffälligen, natürlichen Frömmigkeit der tiefe innere Zug ihres Wesens nicht verborgen. Ins Haus der Familie Wafzig hatten sich ungefähr 60 Bekannte geflüchtet, um vor den Übergriffen der Masse sicher zu sein, und bestürmten in unablässigem Gebet den Himmel.

In der Zwischenzeit nahm der Lärm der Menschenmenge vor dem Hause zu. Man spottete wieder weiter und schrie: «Wir wollen das Wunder sehen! Sie hat doch für heute ein Wunder verheissen! Wo ist denn die Marie (ist gleich die Gottesmutter)?» Es dürfte wohl schon Mitternacht gewesen sein, als das Toben immer stärker wurde und man draussen brüllte: «Jetzt stürmen wir das Haus!» Es setzte nun ein Steinhagel gegen die Haustüre und Zimmerfenster ein. Ich befand mich mit noch einem Herrn in einem auf der Strassenseite gelegenen Zimmer, um die Vorgänge vor dem Hause besser verfolgen zu können. Wir mussten uns aber hinter Möbelstücken in Sicherheit bringen, um keine Verletzung davonzutragen. Der Herr — (ein evangelischer Christ und erfahrener Journalist) —, der mit mir im Zimmer war, schüttelte nur den Kopf über solches

Verhalten von «Katholiken» und sagte: «So etwas habe ich noch nie erlebt, ausser in den Bombennächten.» Aus dieser Bemerkung kann man sich vielleicht eine kleine Vorstellung von den Tatsachen machen. Ich selbst hatte das Gefühl, dass hier die Hölle in buchstäblichem Sinne losgelassen war. Aber gerade diese Tatsache war für mich ein wesentliches Moment der Echtheit der hier vorgehenden Ereignisse. Das Toben der Menge steigerte sich immer mehr und die Polizei, die bis jetzt immer nur mit zwei oder drei Mann vertreten war, wurde der Lage nicht mehr Herr. Ein jeder der Anwesenden hatte das Gefühl, wenn es dieser Menge gelingt, in das Haus einzudringen, dann reissen sie uns alle in Stücke. Aus dem lässigen Verhalten der Polizei war unstreitig zu schliessen, dass es ihr nicht ernstlich um die Behebung des nächtlichen Aufruhrs zu tun war; denn warum haben sie nicht nur einen dieser Ruhestörer verhaftet oder auch nur aufgeschrieben? Die Gegner machten den Polizisten den Vorwurf, sie würden ja die Sache schützen und fördern. Darauf verteidigten sich die Beamten mit dem banalen Ausspruch: «Wir schützen nicht die Sache, sondern das Objekt.»
Ungefähr um 0.20 Uhr am 2. Juli kam Pater X von seiner Suchaktion zurück. Ungeachtet des weitertobenden Lärmes knieten sich nun alle hin und begannen gemeinsam im Flüsterton zu beten. Familie Wafzig hatte im Wohnzimmer neben der Küche ein kleines Hausaltärchen, das mit den Statuen des heiligsten Herzens Jesu, der Gottesmutter und des heiligen Josef geziert war. Kerzen und Blumen erhöhten den Schmuck. Gegen 0.30 Uhr veränderte sich plötzlich das Antlitz von Anne-Louise, die unmittelbar vor dem Altärchen kniete und erstrahlte in überirdischer Schönheit. Ich selbst war ungefähr drei Meter von ihr entfernt. Sie breitete die Arme aus, gleich einem Willkommgruss an einen lieben Menschen. Nach einer kleinen Weile for-

derte sie mit leiser Stimme ein Tuch. Hier ist zu bemerken, dass Anne-Louise in einer vorhergehenden Vision die Weisungen erhielt, für diesen Tag ein Tuch bereitzuhalten. Sie hatte dies vorher Pater X mitgeteilt und ihm ein viereckiges weisses Leinentuch gegeben, das er bereithalten sollte, wenn sie es in der Vision von ihm verlange. Pater X überreichte ihr auf die gestellte Bitte hin nicht sofort das Tuch, sondern übergab es erst den Anwesenden zur Überprüfung. Ich selbst hatte das Tuch in der Hand, hielt es gegen das Licht, befühlte und betrachtete es mir sehr genau, konnte aber nur feststellen, dass es ein einfaches, grobes, weisses Leinentuch von etwa 40 auf 40 cm war. In der gleichen Weise prüften fast alle Anwesenden das Tuch. Pater X überreichte dann Marie-Louise das Tuch. Mit freudig strahlender Gebärde hob sie es zunächst nach links oben. Nach ihrer späteren Aussage hat sie hier der Gottesmutter das Tuch zum Kusse gereicht. Sie faltete das Tuch einmal in der Mitte und bog nach links und rechts die Seiten ein. Darauf verneigte sie sich mit dem Kopf fast bis zum Boden und forderte Pater X mit einer Handbewegung auf, das Gleiche zu tun. (Hier sah sie in der Vision den gekreuzigten Heiland, dessen Fusswunde sie küssen durfte.) Sie brachte dann das Tuch in Brusthöhe und hielt es dort einige Augenblicke, sichtbar für alle Anwesenden, die sich dabei überzeugen konnten, dass nichts weiteres damit geschehen war. Hierauf hob sie das Tuch vor sich in die Höhe mit einem freudig und doch zugleich schmerzgemischten Gesichtsausdruck. Es war ungefähr 0.40 Uhr, als ich in dem vom Schein der Kerzen durchleuchteten Tuch einen blutigroten Flecken wahrnahm, der plötzlich sichtbar wurde und sich zusehends vergrösserte und zu fliessen begann. Anne-Louise liess dann das Tuch wieder herabsinken und hielt es ganz nahe an das Tischbrettchen des Hausaltärchens.

Um einen Gesamteindruck vermitteln zu können, muss ich noch ganz kurz die Lage schildern, die sich durch die das Haus buchstäblich belagernde Menge ergeben hatte. Der Tumult hatte nach Mitternacht etwas nachgelassen. Als wir aber mit Pater X das gemeinsame Gebet begonnen hatten, tobte man draussen wieder in unbeschreiblicher Weise und zertrümmerte weiterhin mit Steinen die Fenster. Die Polizei mühte sich in erfolgloser Weise um Ordnung, obwohl sie, wie man an der Zahl ihrer Stimmen feststellen konnte, schon Verstärkung bekommen hatte. Ja der Lärm steigerte sich fast bis zum Orkan, und gerade in dem Augenblick, als das Blut im Tuche sichtbar wurde, schossen die Gegner durch das Fenster in das Zimmer, wo wir beteten. Viele der Anwesenden legten sich vor Schreck flach auf den Boden, um sich vor Verletzungen zu schützen. Pater X beruhigte mit einigen Worten, da das Zeichen des Himmels bereits sichtbar wurde.

Anne-Louise verharrte nun eine Zeitlang in der oben erwähnten Haltung und führte mit dem Tuch einige kleine seitliche Bewegungen aus, dass man als Zuschauer den Eindruck bekam, sie wolle mit dem Tuch etwas auffangen. Durch das Tuch hindurch konnte ich erkennen, wie sich der Blutfleck vergrösserte und weiter floss. Welche Figur sich dabei bilden sollte, war für mich noch nicht sichtbar. Nach kurzer Zeit fasste Anne-Louise das Tuch fest in den Händen, hob es mit einem freudigen Gesichtsausdruck nach links oben, drückte es einige Zeit an sich und sank dann in sich zusammen. Sie reichte das Tuch Pater X, der es vor den Augen aller Anwesenden entfaltete. Es war ein ergreifender Augenblick, den man nicht schildern kann. Vor dem Hause war gleichsam die Hölle los und hier in dem kleinen Zimmer waren alle dem unendlich Göttlichen so nahe. Das sichtbar geflossene Blut zeigte auf dem Tuch folgendes Bild: Ein blutig

rotes Herz, aus dessen Wunde sich ein Blutstrom in einen aus Blut gebildeten Kelch ergiesst. Über dem Kelch schwebt eine aus Blut gebildete Hostie mit einem Kreuzzeichen. In stummer Ergriffenheit und tiefer Seelenfreude knieten die Anwesenden im Zimmer. Jeder war sich voll und ganz des grossen Ereignisses bewusst. Viele Einzelheiten dieses Geschehnisses sind bilddokumentarisch festgehalten. Anne-Louise zog sich dann zurück, um sich von der seelischen Ergriffenheit und Erschütterung etwas auszuruhen. Ich hatte dabei Gelegenheit, in Anwesenheit einiger ihrer Schwestern eine kurze Deutung der Vision, die sie gab, mitanzuhören. Sie sagte, dass sie die Gottesmutter gesehen, der sie anfangs und zum Schluss das Tuch zum Kusse reichte, als sie dieses links hochhob. Vor allem aber sah sie den gekreuzigten Heiland, dessen Fusswunde sie geküsst und sein aus der Herzwunde fliessendes Blut im Tuche aufgefangen habe. Sie betonte noch eigens, dass sie den Heiland in keiner Vision so traurig und schrecklich geschaut habe wie diesmal.
Ich begab mich wieder in das Zimmer zu den anderen Anwesenden und Pater X reichte mir das Tuch zur genauen Betrachtung. Wir verharrten längere Zeit in stiller Andacht vor dem Blutbild und ich konnte dabei eine ständige Veränderung der Bluträder beobachten. Ich betete dann den schmerzhaften Rosenkranz vor. Auch Anne-Louise hatte sich wieder zum Gebete eingefunden. Während des dritten Rosenkranzgesetzchens veränderte sich wieder ihr Gesichtsausdruck in überirdischer Weise. Sie wurde gleichsam auf die Knie gezwungen und stimmte das Confiteor an. Sie schaute einen Engel mit einem Kelch, der ihr das Brot des Lebens reichte wie sie uns berichtete. Viele Szenen davon sind ebenfalls im Bilde festgehalten.
Den letzten Teil der Nacht verbrachte ein Grossteil der Anwesenden betend vor dem Blutbild.
Ich habe versucht, mit nüchternen Worten und sach-

Im Hause von Enzo Allocci in Porto Santo Stefano, einer Hafenstadt 162 km nördlich von Rom, vergoss die Marien-Statue «Regina mundi — Königin des Weltalls» 1972 blutige Tränen.
Die Aufnahme stammt vom Photographen des Ortes.

P. Johann Baptist Reus S. J., der grosse Apostel des Kostbaren Blutes, der oft beim heiligen Messopfer das Blut Christi heruntertropfen sah. P. Reus war deutscher Jesuit, der in Südamerika wirkte.

lich alles wiederzugeben, was ich vom 1. auf den 2. Juli in Rodalben erlebt habe.
Ich bin bereit, die Wahrheit dieses vorliegenden Berichtes mit meinem priesterlichen Eidwort zu bezeugen.
Anne-Louise Wafzig hatte vorausgesagt, dass bei ihrem Tod alle Kirchenglocken der ganzen Welt läuten werden. Sie starb just an dem Tag und zu der Stunde, als Papst Pius XII. in Rom zur ewigen Ruhe bestattet wurde und bei diesem Anlass alle Kirchenglocken der ganzen katholischen Christenheit läuteten.
Die stigmatisierte Seherin Anne-Louise Wafzig starb mit 33 Jahren in der Leidensekstase, wie ans Kreuz genagelt, am 13. Oktober 1958, am Tag und zur Stunde, da in St. Peter zu Rom der heiligmässige Papst Pius XII., mit dem ein grosses Kapitel der Kirchengeschichte zu Ende ging, bestattet wurde.
Über fünfzig Augenzeugen haben den obigen Vorfall in Rodalben mit ihrer Unterschrift bezeugt. Der Christiana-Verlag besitzt zudem eine eidesstattliche Erklärung des oben erwähnten Priesters, der durch seine unbeugsame Haltung seinen Glauben an Christus im Konzentrationslager bezeugt hat, der vorläufig nicht genannt werden möchte, dessen Name aber später publiziert wird. Seine eidesstattliche Erklärung als Augenzeuge des Blutwunders von Rodalben hat folgenden Wortlaut:

*Rodalben 1952 / Augenzeugenbericht*

Ich liess das Bluttuch 20 Minuten vor 1 Uhr photographieren. Bei genauer Beobachtung stellte ich fest, dass das auf das Leinen geflossene Blut noch flüssig war, an den Rändern noch weiter sickerte und sich dornenähnliche und zackige Erweiterungen bildeten. Daher liess ich es 10 Minuten nach 2 Uhr nochmals pho-

tographieren. Ein gleiches tat ich um 4 Uhr in der Frühe. Die endgültigen Randformen nahmen die Blutzeichen erst in den Vormittagsstunden des 2. Juli an, wo das anfänglich frische Blut schon eingetrocknet war. Gleich anfangs in der Nacht, nachdem das Blutzeichen sich gebildet hatte, roch ich auch daran und glaubte einen süsslichen Geruch nach frischem Blut zu vernehmen.
Die Wahrheit dieses Augenzeugenberichtes beeidet vor Gott dem Allwissenden:

Unterschrift

Bei Rodalben erblickte der Dichter Hugo Ball das Licht der Welt. Tiefe Frömmigkeit spricht aus dem Gedicht, das er als neunjähriger Knabe verfasste:

Schreitet ein Engel
Durchs tauweisse Land,
Streut aus den Segen
Mit schimmernder Hand.

Durch den Einfluss neuzeitlicher Philosophen gelangte der unerfahrene Jüngling auf Irrwege. Doch der ehrliche Gottsucher Hugo Ball fand wieder in den Schoss der heiligen Kirche zurück. Im Anno Santo 1925 sprach er in Rom stundenlang voll Begeisterung über das heilige Herz Jesu. Über das heilige Messopfer äusserte er sich am Stephanstag in hymnischer Sprache: «An allen Altären dieser stillen, heimlichen, mystischen Kirche wurden Messen gelesen. Im roten Stephanskleide. Die Priester sind dann wie grosse trunkene Falter, die ganz versunken sind in ihrer verhaltenen Glut und mit ausgebreiteten Händen ihre lichtzitternden Flügel Gott zum Gebet hinhalten.»
Seine ganze Begnadigung hat er dem heiligen Blut Christi zu verdanken, wie wir aus seiner Dichtung ersehen:

## DER HEILIGE GRAL

Erglühend stand ein hohes Dorngebüsch,
Und Felsen sah ich leuchten in Opal,
In meinen Händen neigte sich der Gral
Und eine Stimme rief: Erquicke dich!
Hugo Ball

## DAS BLUTWUNDER IN STICH BEI MARIA-RAIN/ALLGÄU

Das nachkonziliare Blutwunder von Maria-Rain ist eine Provokation an die gesamte katholische Weltöffentlichkeit. Die katholische Welt wird gut daran tun, diesen Fingerzeig Gottes mit seinen merkwürdigen Umständen und Bezügen (auf den Tag genau vierhundert Jahre nach der Inkraftsetzung der Messe Pius V.!) genau zu beachten und zu erwägen. Die kirchliche Untersuchung beim bischöflichen Ordinariat und in Rom ist im Gange.

Im Sommer 1970 weilte ein Priester aus der Schweiz, Pfarrer Josef Leutenegger aus Gossau im Kanton Sankt Gallen, in Maria-Rain im Allgäu zur Aushilfe. Am 9. Juni 1970 um acht Uhr abends zelebrierte er im sogenannten Stich bei Maria-Rain in der dortigen, der Heiligsten Dreifaltigkeit geweihten Kapelle die heilige Messe. Es waren an die fünfzehn Personen und einige Kinder anwesend.

Der Priester las die tridentinische Messe, wie sie vom heiligen Papst Pius V. für alle Zeiten vorgeschrieben worden war. Nach der Wandlung zeigte sich auf dem Corporale ein gelblicher Fleck von 6 bis 8 cm, umgeben von kleineren Flecken. Nach der heiligen Messe sah der Priester auf dem zweiten, etwas grösseren Corporale die gleichen Flecken. Auch das erste und zweite Altartuch war durchnässt. Das dritte direkt auf dem Altar liegende Tuch war unversehrt. Woher kamen die Flecken? Es war nichts verschüttet worden.

Der Priester legte die Corporalien einem begnadeten bayrischen Seher vor, der erregt rief: «Das ist ja das Blut Jesu aus dem Kelch! — Die Allmacht Gottes hat das bewirkt, weil soviele Priester nicht mehr an die Eucharistie glauben und das heilige Blut verunehren.»

Man sandte das Corporale nach Zürich zur Untersuchung. Inzwischen war der 14. Juli gekommen, wo der Priester wieder in Stich zelebrieren musste. Eine Mallersdorfer Schwester hatte alles kontrolliert. Corporale und Altartücher waren in tadellosem Weiss. Anwesend waren 16 Erwachsene, darunter drei Männer und etwa acht Kinder. Nach der heiligen Wandlung sagte Pfarrer Leutenegger, auf die heilige Hostie blickend: «Heiland, wenn das Vorkommnis vom 9. Juni von Dir war, gib bitte nochmals ein Zeichen.» Bald bemerkte der Priester am Kelchfussrande das Hervordringen der grauen Flüssigkeit und erbleichte. Gleichzeitig entstanden unter seinen Augen zwei grosse und ein kleiner Fleck. Der Priester liess dann die Leute zum Schluss der heiligen Messe drei Vaterunser zum Kostbaren Blut Jesu beten und informierte dann die Leute, die ergriffen an den Altar kamen. — Die Leute sagten, es seien Kreuzlein in den Flecken.

Vier Instanzen der medizinischen Poliklinik der Universität Zürich hatten unabhängig von einander das Corporale untersucht und kamen zum gleichen Ergebnis: Menschliches Blut — der Chef des Laboratoriums meinte, es handle sich sicher um das «Blut eines sterbenden Mannes» (Christus stirbt in jeder heiligen Messe den geheimnisvollen mystischen Tod).

Das Corporale vom 14. Juli wurde im Labor des Spitales Sursee im Kanton Luzern untersucht. Ergebnis: Es handelt sich um Blutflecken. 1973 wurden beide Corporale nochmals in Zürich untersucht. Im Cor-

porale vom 14. Juli wurden ausgelaugte Erytrozyten (rote Blutkörperchen) festgestellt.
Die Approbation für das Missale Romanum erteilte der heilige Papst Pius V. am 14. Juli 1570 und genau nach 400 Jahren, am 14. Juli 1970 geschah das zweite Blutwunder in Stich bei Maria Rain, das sich in vier Flecken in vier Tüchern zeigte. — Durch das Auflegen der Blutcorporale wurden Kranke plötzlich geheilt.
Am 23. Juli informierte der Pfarrer von Maria Rain im Allgäu den Bischof von Augsburg. Pfarrer Leutenegger und viele Menschen sind bereit, ihre Erlebnisse vom 9. Juni und 14. Juli eidlich zu bezeugen. Ende Januar 1971 wurde über dieses Aufsehen erregende Blutwunder in Stich/Allgäu der Glaubenskongregation in Rom berichtet. Zweifellos will Gott mit diesem Blutwunder der Welt nahebringen, dass die heilige Messe die Wiedervergegenwärtigung des Kreuzesopfers Christi ist, nicht bloss ein Mahl, wie es modernistische Priester proklamieren, wobei sie den Opfercharakter der Messe beiseite schieben.
Zu diesem grossen heiligen Papst Pius V., der in der Basilika Maria Maggiore in Rom beigesetzt ist, wallfahren heute viele Pilger, denn er hat unter Eingebung des Heiligen Geistes für alle Zeiten die Liturgie des heiligen Messopfers festgelegt. Auch sah er in einer Vision am 7. Oktober 1571 den wunderbaren Sieg von Lepanto, durch den das christliche Abendland gerettet ward.
An der Spitze der christlichen Flotte in Lepanto kämpfte der 1547 in Regensburg geborene Don Juan de Austria. Und genau 400 Jahre vorher — 1147 — fuhr von dieser Hauptstadt des Abendlandes das Heer der Kreuzritter donauabwärts nach Galatz und Byzanz. Noch heute befindet sich das Schlüsselwappen von Regensburg im Abendmahlssaal auf Sion in Jerusalem.

## HEILIG BLUT IN WILLISAU (SCHWEIZ)

Auch die Schweiz besitzt einen Gnadenort «Heilig Blut», nämlich in Willisau, einer Grafschaft, die 1407 zum Kanton Luzern kam. Mitten durch die Stadt Willisau, von Ost nach West, an der Burg vorbei, führte die alte Römerstrasse nach Bern, Burgund und Solothurn. — Nach den Chroniken und den Gemälden in der Heilig-Blut-Kapelle fand das wundersame Ereignis am 7. Juli 1392 statt. Drei Landsknechte, Wächter der Burg, begaben sich auf den Graben ausser dem Stadttor und ergaben sich dem Kartenspiel und dem Trunk.

Als Ulrich Schröter sein Geld verspielt hatte, stiess er gegen Gott lästerliche Reden aus: «Soll ich nun mit meiner letzten Einlage nicht gewinnen, so will ich die Seite Christi mit dem Schwert durchbohren!» Der Frevler würfelte und verlor wieder. Darauf ergriff er wütend sein Schwert und warf es unter entsetzlichen Flüchen in die Höhe. Sogleich fielen fünf klare, rosenfarbene Blutstropfen vom Himmel auf den runden Spieltisch, und Gottes Strafgericht kam über den Gotteslästerer. Es erschienen böse Geister unter schrecklichem Geheul, rissen ihn fort gegen den Wald und in die gespaltene Erde. «Den Unglücklichen hat buchstäblich mit Leib und Seele der Teufel geholt», sagte der Volksmund. Bleich vor Schrecken trugen die zwei anderen Spieler den Tisch zum nahen Wiggerbach, um jede Spur der wunderbaren Blutstropfen auszulöschen. Aber weder Waschen, noch Auskratzen halfen etwas. Immer schöner und heller leuchteten die Blutstropfen. Da machten sich die Spieler gegenseitig Vorwürfe, wobei der eine dem andern die Gurgel durchstach. Der dritte wurde von stinkenden Geschwüren befallen und verfaulte bei lebendigem Leib, wie einst Herodes, der bethlehemitische Kindermörder. Bald ward die ruchlose Tat bekannt. Volk und Geistliche zogen in Pro-

zession auf den Platz. Der Priester Heinrich von Entzingen schnitt unter Gebet mit einem scharfen Messer die Blutstropfen aus der Tafel und legte sie auf eine goldene Patene. Unter Gesang und Geläute aller Glokken bewegte sich der Zug zur Pfarrkirche, wo die Blutstropfen aufbewahrt und verehrt wurden.
Legate, Stiftungen und Geschenke reicher Familien ermöglichten nach 17 Jahren den Bau einer Sühnekapelle aus Holz. Am Laurentiustag 1497 wurde eine Heilig-Blut-Kapelle aus Stein eingeweiht. Das Jahrzeitbuch berichtet von dem Bau einer dritten Heilig-Blut-Kirche unter Leitung des Priesters Ludwig an der Allmend und des Stadtschreibers Jost Carl Emmanuel Cysat. — Vom 20. Oktober 1677 datiert die Urkunde für die Errichtung der Fünf-Wunden-Bruderschaft zum Titularfest durch den Apostolischen Nuntius in Luzern. Patron der Bruderschaft ist der heilige Franz Xaver, der in allen wichtigen Angelegenheiten Zuflucht zu den heiligen Fünf Wunden Jesu genommen hat.
Die Päpste Innocenz XI. und Pius VII. verliehen Ablässe. Viele Wunder und Gebetserhörungen erfolgten beim Heilig-Blut in Willisau. — Im Protokoll des Rates von Luzern (1490) steht geschrieben, dass Blutstropfen zu Willisau gestohlen und einer in Bern sein soll. Zu dieser Zeit trachtete jede Stadt danach, in den Besitz von Reliquien zu kommen. 1492 gelang es Werner von Meggen, den heiligen Blutstropfen wieder für die Kirche von Willisau zurückzuerlangen mit einem Geschenk von 100 Gulden (100 Gulden entsprachen einer Summe von zirka Fr. 7000.—). Im Jahre 1670 stiftete Leutenant Batt Bättig von Walspurg ein Heilig-Blut-Reliquiar; die reich in Silber getriebene Renaissance-Monstranz zur Aufbewahrung der Heilig-Blut-Reliquie ist 63,8 cm hoch und über vier Kilo schwer. Beschauzeichen ist ein Luzernerwappen. Zwei silberne Engel auf dem Sockel halten einen Ehrenkranz von Blumen. Im Sockel sind Reliquien der Thebäischen

Martyrer aus Oberägypten eingelassen. In der Heiligtumsnische steht eine 18 cm hohe silberne Christusfigur, in deren Händen sich die Heilig-Blut-Reliquien befinden. Die linke Hand trägt eine kleine goldene Krone, in die ein 1 cm grosser Holzsplitter mit dunkelrotbraunem Belag eingelassen ist. Die rechte Hand hält einen goldenen Kranz, der einen von goldgelber Seide umhüllten Holzpartikel umfasst. Ferner befindet sich in der rechten Hand ein 2,5 cm hohes Silberkrüglein mit Holzsplitterchen. Das Reliquiar enthält somit zwei heilige Blutstropfen und fünf kleine Spreissel.
Nördlich von Willisau wurde im Jahre 1447 Anna Vögtli wegen einem himmelschreienden Sakrileg vom Gericht zum Feuertod verurteilt. Sie raubte eine Hostie, um sie wie Judas zu verkaufen. Wieviele Frevel (Kircheneinbruch, Gottesraub) bleiben heute ungesühnt. Wie einst die Häscher Christus am Ölberg mit Gewalt ergriffen (Mt. 26, 50), so ergreifen viele mit ihren ungesalbten Händen und unbereuten Sünden den Leib des Herrn und essen sich das Gericht. Zu Boden gefallene Hostienpartikel werden nicht selten achtlos zertreten. Hiemit hat heute in unserer furchtbaren Krise in der Kirche der Heilig-Blut-Gnadenort Willisau in Gottes Vorsehung eine gewaltige Mission zu erfüllen, durch Belehrung über die dem Blut Christi schuldige Ehrfurcht und durch Sühnegottesdienste. Sagte doch Papst Pius XI.: «Das Gute und das Böse ringen in einem gigantischen Zweikampf miteinander. In dieser Stunde hat niemand mehr das Recht, ein Mittelmässiger zu sein.»
Östlich von Willisau, bei Meggen am Vierwaldstättersee, lag das Sommerschloss des Grafen Rudolf von Habsburg. Hier begegnete er einem Priester mit dem Allerheiligsten (Viaticum), der mühsam einen reissenden Gebirgsbach überqueren wollte. Der edle gottesfürchtige Graf Rudolf übergab dem Priester sein Pferd und nahm es nicht mehr zurück mit den Worten:

«Schenkt es der Kirche, denn ich habe es demjenigen gegeben, von dem ich Leib und Seele, Gut und Ehre zu Lehen trage.» Dieser denkwürdige Vorgang wurde in einem Kolossalgemälde a fresco in der Münchener Residenz und in einem Gemälde im kaiserlichen Schloss Laxenburg bei Wien verewigt. — König Rudolf, der eine tiefe Ehrfurcht für Gottes Blut im heiligen Sakrament hegte, wurde von Gott als Werkzeug des Friedens «in der kaiserlosen, schrecklichen Zeit» ausersehen. Mit Rudolf von Habsburg erstand die grösste Monarchie des Abendlandes. Kaiser Karl V. besass ein Reich, in dem die Sonne nicht unterging. Leo XIII. sagte im Jahre 1900: «Von den sogenannten Menschenrechten hat das Volk genug gehört; es soll nun endlich auch einmal von den Rechten Gottes hören.» — Die Verehrung des Kostbaren Blutes erweist sich als die geheimnisvolle, äusserst wirksame Waffe, um die Rechte Gottes zu verteidigen, sobald Widerwärtigkeiten die Kirche treffen.

## BLUTRELIQUIE VON IBORRA/SPANIEN

In einer Marienkapelle nahe bei Iborra, in der spanischen Diözese Solsona, ereignete sich ein Blutwunder. Als dem Priester Bernhard Oliver im Jahre 1010 bei der heiligen Messe Zweifel aufstiegen über die Transsubstantiation des Weines in das Blut Christi, floss sogleich bei der Wandlung aus dem Kelch das Blut und ergoss sich über das Corporale und den Altar. Zugleich begannen die Glocken der Kapelle von unsichtbarer Hand zu läuten, so dass viele Leute herbeikamen und Zeugen des erhabenen Wunders wurden.

Der heilige Bischof Ermangol brachte das Blutcorporale nach Rom. Papst Sergius IV. gab die Erlaubnis zur öffentlichen Verehrung der Heilig-Blut-Reliquie

und schenkte dazu einen Dorn aus der Dornenkrone Christi.
Diese heiligen Reliquien werden am ersten Passionssonntag und am 16. August öffentlich verehrt. Eine authentische Kopie der Bulle von Papst Sergius IV. über die Blutreliquie ist noch erhalten. Mit Dekret vom 2. Juni 1868 hat die heilige Ritenkongregation die Verehrung der Blutreliquie wiederum gutgeheissen.

## BLUTRELIQUIE IN CANNOBIO/ITALIEN

Ein Blutwunder geschah vor über 400 Jahren: In einem Saal im Hause des Thomas de Zacchei in Cannobio (Lago Maggiore), 5 km von der Schweizergrenze (südlich von Locarno) blutete am Mittwochabend des 8. Januar 1522 der leidende Christus auf einem Pergamentgemälde; es war die Zeit, als Glaubensneuerer die Verwandlung der Gestalten beim heiligen Messopfer in das Blut Christi leugneten (genau wie heute wiederum). Eine grosse Menschenmenge sammelte sich davor an. Zahlreiche Blutstropfen aus den Augen und der Seite des göttlichen Heilandes fielen auf die untergelegten Linnen. Auch Graf Borromei sah das Wunder der blutigen Tränen. An drei Tagen (8., 9. und 10. Januar) ereignete sich das Blutwunder und am 28. Januar, 4. und 27. Februar geschahen auffallende Zeichen. Bartholomäus Albertino und Jakob Postcolonna sammelten die vereidigten Aussagen der Augenzeugen. 1575 wurde an dem Ort des Wunders die heutige Gnadenkirche errichtet dank der Spenden des heiligen Karl Borromäus, der vor dem wundertätigen Bild am 31. Oktober 1584 die vorletzte Messe seines Lebens feierte. Die blutgeröteten Linnen und Corporalien werden in einer Bronze-Urne unter der Mensa des Hochalters verwahrt.
Cannobio zählt zu den ersten Gnadenstätten der ka-

tholischen Welt. Am 24. März 1963 wallfahrteten 500 Schweizer aus der Gegend von Locarno auf dem Motorschiff «Genova» über den Lago Maggiore zum Heiligen Blut in Cannobio, um für die Bewahrung des Glaubens vor den Strömungen des modernen Heidentums zu beten. Die wundertätige Pietà zum Heiligen Blut hatte im Jahre 1522 die Bevölkerung vor der Häresie bewahrt.

Schon 28 Jahre früher blutete die «Madonna di Re». Von Domodossola ins Val Vigezzo gelangen wir zur Muttergottes von Re nahe der Schweizer Grenze. Es war am 29. April 1494, als ein frevelnder Mann einen Stein gegen die Madonna warf. Daraufhin kam vom Haupte ein Blutstrom, der 20 Tage anhielt und einen lieblichen Wohlgeruch verbreitete. — Das Blut wurde mit Tüchern und Gefässen aufgefangen. — Das Wunder wurde offiziell von der Kirche anerkannt. Die Chronik verzeichnet viele Wunder, die von dem Gnadenbild und dem Blutreliquiar geschehen sind. Der Bischof von Novarra liess 1958 in Re eine grosse Kirche errichten, die zu einer Päpstlichen Basilika erhoben wurde.

*Bluthostien*

ANDECHS

Die Benediktiner-Kloster- und Wallfahrtskirche Andechs auf dem Heiligen Berg am Ammersee in Oberbayern hat eine grosse Geschichte. Die Grafen von Diessen-Andechs waren Markgrafen von Istrien, seit 1180 Herzöge von Meran, Dalmatien, Kroatien, seit 1208 Pfalzgrafen von Burgund. — Aus der Andechser Grafenburg stammen: Der heilige Rasso, Kreuzfahrer († 954), sammelte einen grossen Reliquienschatz; die selige Äbtissin Mechthild und ihre Schwester, die selige Euphemia, Äbtissin zu Altomünster. Ihre Tante war die Kaiserin Irene in Byzanz. Ihre Grossnichten sind die heilige Hedwig, Fürstin von Schlesien-Polen († 1243); Gertrud, Königin von Ungarn, deren Tochter: die heilige Elisabeth († 1231). — Agnes von Meran († 1201); Königin Agnes von Frankreich, die einen Zweig der Dornenkrone Christi nach Andechs sandte. — Die Andechser gründeten die Stadt Innsbruck. — Aus der Burgkapelle Andechs, aus der seit Generationen Heilige hervorgingen, entwickelte sich im Laufe der Jahrhunderte die Klosterkirche.
Um 1182 wurden die heiligen drei blutbedeckten Hostien nach Andechs übertragen. Zwei stammen vom heiligen Papst Gregor dem Grossen († 604) — in der einen erschien ein blutiges Kreuz, in der anderen ein blutiges Fingerglied, als eine Fürstin an der Gegenwart Christi zweifelte. Die dritte Hostie, in der sich der Name Jesu blutig zeigt, ist konsekriert von Papst Leo IX., durch den die Hostien 1051 nach Bamberg kamen. Da die Andechser Grafen den dortigen Bischofsstuhl damals innehatten, ist es verständlich, dass diese drei heiligen Hostien in die Andechser Stammburg kamen. — Herzog Ludwig vergrösserte um 1277

die Wallfahrtskapelle. Die Drei-Hostien-Monstranz stiftete Herzog Albrecht III. von Bayern um 1460.
Abt Michael Einslin (1610/40) errichtete die Bruderschaft zu den drei heiligen Hostien. 1751 wurde die Kirche im Rokoko-Stil umgebaut. Der Wessobrunnische Stuck ist noch unbeschwerter als in der weltberühmten Wies-Kirche. Im Mittelraum sind die Fresken von dem Münchener Hofstukkator J. B. Zimmermann: Die Heiligen, vor allem aus dem Hause Andechs, beten im Chor die drei wunderbaren heiligen Hostien an. Andechs am See ist eine Gnadenstätte wie der Teich Bethsaida.
Wie in Rom über die Heilige Stiege in Sancta sanctorum der Reliquienschatz verwahrt wird, so führt auch in Andechs die Heilige Stiege zur Heiligen Kapelle mit dem Reliquienschatz — darunter der Reliquienschrein der heiligen Pauline (30. Juni), die «im Himmel leuchtet wie Kristall». Dreimal im Jahre werden auf der Empore die Reliquien den Pilgern gezeigt.
Durch eine schwere eiserne gotische Tür gelangen wir in den weihevollen Raum. In einem Schrein ist die Monstranz mit den heiligen drei Hostien (und eine jeweils neu konsekrierte Hostie). Von heiligem Schauer werden viele Andächtige ergriffen. Hunderttausende aus aller Herren Länder haben hier gebetet. — Das sogenannte Gregorius-Sakrament, das Sakramentum S. Gregorii — die heilige Hostie führte zu dem grossen eucharistischen Kult in Andechs. So wallfahrten noch hundertdreissig Gemeinden auf den heiligen Berg und zirka 30 000 Einzelpilger zur Gregorius-Messe. Der römische Jubiläumsablass ist dem Kloster Andechs verliehen.
In der heiligen Kapelle wird auch das Brustkreuz der heiligen Elisabeth, das sie von Papst Gregor IX. erhielt, und ihr Brautkleid aus sarazenischem Damast, gezeigt; ferner eine Stola des heiligen Johannes Ev. und die goldene Rose Herzog Albrechts III.

Die älteste Votivkerze in Andechs wurde 1603 von dem Grossen Kurfürsten Maximilian I. von Bayern, dem Führer der Katholischen Liga, gestiftet. Aus neuerer Zeit stammt die Votivkerze des heiligen Papstes Pius X.

Viele Kreuzritter aus dem Hause Andechs zogen ins Heilige Land. Jedoch bereits 955 pilgerte Herzogin Judith von Bayern ins Heilige Land und kehrte mit reichem Reliquienschatz ins Kloster Niedermünster nach Regensburg zurück.

1872 wurde ein Meisterwerk der bayrischen Glockengiesserkunst in Erding, der Stadt des Heiligen Blutes, gegossen. Erzbischof Gregor von München-Freising hat im September 1873 die Ave-Maria-Glocke feierlich geweiht. Sie trägt das Bildnis der Immaculata mit der Inschrift «gestiftet von der ersten bayerischen Karawane». Unter dem ungeheuren Jubel der Bevölkerung wurde sie im Oktober 1873 in Nazareth emporgezogen. Seither ruft die Glocke dreimal am Tage die Gläubigen zum Englischen Gruss.

## DAS WUNDERBARLICHE GUT IN AUGSBURG

Anno 1194 hatte in Augsburg eine Frau nach der Kommunion die heilige Hostie heimlich aus dem Mund genommen, in Wachs eingeschlossen und zu Hause fünf Jahre lang aufbewahrt. Mit der Zeit peinigte sie das Gewissen; sie beichtete im Mai 1199 dem Chorherrn und Propst Berthold von Heilig Kreuz ihren Frevel und übergab ihm die in Wachs eingeschlossene Hostie. Der fromme Propst öffnete etwas am Rande das Wachs und fand die heilige Hostie rötlich vor. Hierauf berichtete er gewissenhaft diese wunderbare Begebenheit dem Augsburger Bischof, welcher die Angelegenheit reiflich überlegte und die wieder in

Wachs eingeschlossene Hostie ehrerbietig in Prozession in den Dom übertragen liess. Hier löste sich während der heiligen Messe vor den Augen aller das Wachs vollständig ab, und die blutrote heilige Hostie zeigte sich dem Volk. Nun schloss der Bischof voll tiefer Ehrfurcht die blutrote Hostie und das Wachs in ein Kristallgefäss ein und liess die heilige Hostie in feierlicher Prozession nach Heilig Kreuz zurückbringen, wo sie als das «Wunderbare Gut» seit Jahrhunderten verehrt und angebetet wird.

Bischof Udalskalk schreibt in seiner Urkunde des Wunderbarlichen Gutes vom 15. Mai 1199: «Durch die gnadenvoll wirkende Macht Gottes ist im Kloster Heilig Kreuz das Blut Christi sichtbar und wunderbar in himmlischer und heiligster Offenbarung unseren Augen erschienen.» — 1747 wurde durch Bischof Josef von Augsburg die heilige Hostie unverwest vorgefunden.

Wallfahrer, jährlich um die 30 000, kamen von Tirol, Kärnten, Frankreich und der Schweiz. Die Bischöfe von Salzburg, Regensburg, Passau, Seckau pilgerten zum «Wunderbarlichen Gut».

Gegen das Kostbare Blut Christi, das die Welt erlöst, schmiedet der Satan immer wieder seine Ränke; so versuchte 1491 der Domprediger Stunz das Kirchenvolk zu verwirren und stellte alles als Fabel hin. «Er stellte sich», schrieb der Chronist, «an die Spitze der Pharisäer.» Stunz wurde von dem wachsamen Augsburger Oberhirten als Domprediger abgesetzt und aus der Stadt verwiesen. 1492 traf der päpstliche Legat, Dr. Heinrich Institoris, aus dem Dominikanerorden in Augsburg ein. Er nahm eine strenge Untersuchung des Wunderbarlichen Gutes vor. Auch der Bischof von Augsburg beteiligte sich an der Überprüfung, nachdem auch die theologische Fakultät der Universität Ingolstadt zugezogen worden war.

Das Ergebnis lautete auf die unbestreitbare Echtheit des Wunderbarlichen Gutes, das wie jedes andere Altarsakrament anzubeten sei. Der päpstliche Legat sprach über jeden, der dagegen Widerspruch erheben sollte, die dem Papst vorbehaltene Exkommunikation aus. Der Augsburger Bischof drohte in einem Hirtenschreiben vom 15. Januar 1496 jedem, der sich der bischöflichen Verordnung, das Wunderbarliche Gut sei wie das heilige Altarsakrament mit Anbetung zu verehren, in Predigten oder ansonsten widersetzen würde, mit der Rache Gottes. Das Wunderbarliche Gut stand beim Volk stets hoch in Ehren. 1510 pilgerten der Bischof von Bamberg und die Erzbischöfe von Mainz, Trier, Köln und Magdeburg nach Augsburg zum Zeichen ihrer tiefen Verehrung und Anerkennung des Wunderbarlichen Gutes und bereicherten die Wallfahrer mit Ablässen.

1537 musste infolge des «Neuerungs- und Rebellengeistes der Reformatoren» das Wunderbarliche Gut aus Augsburg geflüchtet werden. — Als der päpstliche Nuntius Otto Truchsess von Waldburg den Augsburger Bischofstuhl einnahm, trat er mit Nachdruck für die segensreiche Anbetung des Wunderbarlichen Gutes in Dillingen ein. Auf Befehl Kaiser Karls V. musste 1548 der vertriebene Klerus mit dem kostbaren Schatz wieder nach Augsburg zurückkehren, wo er unter dem Jubel der treu gebliebenen Bevölkerung einzog.

1632 zogen die Schweden sengend und plündernd gen Augsburg. Zwei Wochen vorher flüchtete der Propst von Heilig Kreuz mit dem Wunderbarlichen Gut in das Augustiner-Chorherrnkloster auf der Insel Herrenchiemsee. Drei Jahre lang wurde hier die wunderbare Hostie mit Gutheissung des Erzbischofs von Salzburg und des Bischofs von Chiemsee durch öffentliche Anbetung, Gottesdienste und feierliche Prozessionen geehrt. Nachdem Augsburg durch die kaiserlichen Truppen befreit wurde, kehrte 1635 das Wunderbarliche Gut im Triumphzug unter dem Ehrengeleite der Münchner Bürger nach Augsburg zurück. Kaiserliche Reiter mit

Reliquiar des Eucharistischen Wunders von Lanciano;
Chiesa di San Francesco.
Photo: Frati Minori Conventuali.

Heilig-Blut-Reliquie in der Basilika der Benediktiner-Abtei Weingarten.
Photo: Martinus-Buchhandlung, Weingarten.

dem sechsspännigen Galawagen des kaiserlichen Stadtkommandanten, Grafen Otto Heinrich von Fugger, zogen zur Einholung bis an den Lech entgegen. Der Weihbischof trug in feierlicher Prozession das Wunderbarliche Gut nach St. Ulrich, vor das Rathaus, in den Dom, wo überall der sakramentale Segen erteilt wurde, 1699 hatte Bischof Alexander Sigismund, Pfalzgraf von Neuburg, zum 500jährigen Jubiläum des Wunderbarlichen Gutes von Papst Innozenz XII. einen vollkommenen Ablass erwirkt.

Thomas von Aquin erklärt den Sinn der Hostienwunder: «Sie sollen die in jedem Altarsakrament wahrhaft, wirklich und wesentlich gegebene Gegenwart des Leibes und Blutes Jesu Christi in der äusseren Erscheinungsform der veränderten Brotgestalt zeichenhaft zum Ausdruck bringen.»

Dem Freskogemälde über dem Chor der Heilig-Kreuz-Kirche fügte der Meister 1732 die Worte der Heiligen Schrift (Lk. 6, 19) bei: «So ging eine Kraft von ihm aus und heilte alle.» Unzählige Krankenheilungen sind durch die «wundertätige Hostie» geschehen. So bei dem Herzog Otto von Schwaben, Sohn des Kaisers Barbarossa, und beim Grafen Otto von Burgund. 1611 wurde die Prinzessin Maria Maximiliana, die Schwester des bayerischen Herzogs Wilhelm V., von einem schweren Brustleiden geheilt. 1658 wurde der heiligmässige Priester Bartholomäus Holzhauser auf Anrufung des Wunderbarlichen Gutes plötzlich von der Pest geheilt. Kurfürstin Elisabeth Amalia, Mutter des Bischofs Alexander Sigismund von Augsburg, begab sich 1708 mit ihrem Hofstaat zu einem Votivamt in Heilig Kreuz, um ihrem todkranken Sohn Genesung zu erflehen.

Päpstliche Legaten, Kardinäle, nachmalige Päpste (z. B. Alexander VII.), Bischöfe, Kaiser, Könige, Fürsten, Herzöge wallfahrteten zum Wunderbarlichen Gut und beteten es an. Mit Vorliebe weilte Kaiser Maximilian I., der letzte Ritter, beim Wunderbarlichen Gut. Er hatte in Heilig Kreuz sein eigenes Oratorium. Nach seinem Wunsch sollte auch die Hofkirche in Innsbruck im Stil von Heilig Kreuz erbaut werden, was auch von Kaiser Ferdinand ausgeführt wurde. — 1792 sagte der päpstliche Legat, Erzbischof Maury, zu den Chorherren von Heilig Kreuz: «Ihr besitzt einen unaussprechlichen Schatz, frohlockt im Herrn!» Im 19. Jahrhundert stattete der päpstliche Nuntius in München, Erzbischof Franz Serra, Herzog von Cassani, dem Wunderbarlichen Gut einen Besuch ab.

1899, zum 700jährigen Jubiläum des Wunderbarlichen Gutes, pilgerten «riesige Volksmengen» aus allen Ländern nach Augsburg. 1932 hatte der Hochwürdigste Bischof von Augsburg die Wallfahrtsseelsorge von Heilig Kreuz dem Dominikaner-Orden anvertraut. Sodann wurde angeordnet, dass bei der Aussetzung des Wunderbarlichen Gutes und beim sakramentalen Segen mit demselben der Hymnus «Pange Lingua» gesungen werde.

Der historische Beweis für die Echtheit des Wunderbarlichen Gutes ist die Tatsache, dass es seit über 750 Jahren ununterbrochen als Allerheiligstes Altarsakrament verehrt und angebetet wurde. Die Annalen von Schäftlarn, Salzburg, Altaich, Neresheim, Marbach im Elsass (1238) erwähnen die Wunderhostie von Augsburg.

Das Ostensorium des Wunderbarlichen Gutes ist ein einmaliges Kunstwerk, eine harmonische Synthese der Augsburger Goldschmiedekunst des romanischen und gotischen Stiles, der Renaissance, des Barocks und Rokokos. Hier zeigt sich die These verwirklicht: «Alles wahrhaft Edle und Schöne ist nicht verloren; es ist zeitlos, hat Ewigkeitswert und findet sich einmal vergeistigt im Himmel wieder.»

Der Dillinger Hochschulprofessor, Dr. Alfred Schröder, hat 1897 in der «Zeitschrift für christliche Kunst» dieses Sacrarium wissenschaftlich erklärt. Seit Generationen in langen Jahrhunderten wurde an der Monstranz für die wunderbarliche Hostie gearbeitet. Konrad von Lindau verfertigte einer Stiftung (1205) des Marschalls Ulrich von Rechberg zufolge den silbernen, aussen vergoldeten romanischen Schrein mit getriebenen Figuren (Christus, Apostel, Mariae Verkündigung). 1494 wurde von dem berühmtesten Augsburger Goldschmied, Georg Seld, der Silberschrein mit einem Fussgestell versehen; über den Schrein kam eine gotische Bekrönung mit einer Kreuzigungsgruppe. 1665 liess der Propst Vitalis Mozart eine goldene, perlenbesetzte Krone nach Art der Kaiserkrone des Hauses Habsburg anbringen. 1769 gab der Goldschmied Franz Xaver Quinzer der Monstranz des Wunderbarlichen Gutes zum 550jährigen Jubiläum die turmartige Form im Rokokostil. 1769 erhielt das 70 cm hohe Ostensorium einen mit Perlen und Edelsteinen verzierten Mantel.

Gebet zum Wunderbarlichen Gut.
Gnadenvoller Jesus! Vom Gnadenthron des Wunderbarlichen Gutes schenkst Du der Menschheit Gnaden ohne Zahl. Mit kindlichem Vertrauen kommen wir zu Dir, mit herzlicher Liebe grüssen wir Dich, in tiefster Demut beten wir Dich an unter der blutroten Gestalt des Wunderbarlichen Gutes. Erhöre unser Gebet! Wende ab von uns und unseren Angehörigen, wende ab von unserem Bayernlande und unserer heiligen Kirche jegliches Übel und gib uns allen Deinen heiligen Segen. Amen.

Immer wieder kann man feststellen, wie im Schatten einer Heilig-Blut-Gnadenstätte in aller Stille sich wundersame Begnadigungen vollziehen. So wohnte seit 1817 in Augsburg Baronin Christine von Stransky auf Stranka und Greiffenfels, geb. Freiin von Schleich, Verwandte des Missionars und Prinzenerziehers Pater Dr. Erich Benelius SJ. Am 23. September 1825, einem Freitag, zeigten sich bei ihr die Stigmata, welche der Legationsrat der österreichischen Gesandtschaft Fr. von Schlegel als «das Gnadensiegel der Verähnlichung mit den Schmerzen des Heilandes» bezeichnete. Tief erschüttert über diese Wundmale des Herrn entquoll dem innersten Herzen Schlegels das Gedicht:

Noch einmal schlägt, ihr hohen Geister,
Um Rettung sie den Blick hinauf,
Und vor ihr steht ihr Herr und Meister,
Und schliesst ihr alle Wahrheit auf:
«Die Wunden, die Ich jetzt Dir sende,
Leuchten Dir vor im Erdenlauf.»

Dann lehrt Er selbst das Kreuz sie tragen,
Und allen Feinden zu verzeihn.
Wie darf der Mensch noch bitter klagen,
Mit Gott im seligsten Verein?
Des inneren Wortes Licht und Segen
Ist wie ein Stab auf allen Wegen
Und macht der Seele süss die Pein.

Erstarkt in Seinen Liebesschmerzen,
Durchkämpft sie duldend ihre Zeit;
Er wohnt nun in dem reinen Herzen,
Bis Er sie krönend ganz befreit.
«Ich werde fortan bei Dir bleiben,
Dir in die Brust ein Zeichen schreiben,
Das leuchtet Dir in Ewigkeit.»

Friedrich von Schlegel (1772—1829)

# BOIS-SEIGNEUR-ISAAC (BELGIEN)

Der fromme Freiherr Jean du Bois wurde auf dem Rittergute Bois-Seigneur-Isaac vor dem Pfingstfest 1405 einer nächtlichen Vision gewürdigt. Christus stand vor ihm mit einem blauen, hermelinbesetzten Mantel, strahlender als die Sonne und zeigte dem gottesfürchtigen Ritter die Herzwunde, aus der sich das Erlöserblut ergoss. Der Burgherr Jean brach bei diesem Anblick in laute Wehrufe aus. Der Heiland ermahnte ihn zu tätiger Liebe: «So lege wenigstens deine Hand auf meine Wunden, um deren Schmerz zu lindern. Tu wenigstens, was du kannst, und ich werde mich dafür erkenntlich zeigen, bis du imstande sein wirst, mehr für mich zu tun, und dann werde ich der Welt verzeihen!»

Zu gleicher Zeit erhielt sein Seelsorger, Abbé Pierre Ost, in einer Vision den Befehl: «Sire Pierre, steh auf und geh unverzüglich nach Bois-Seigneur-Isaac, um die Votiv-Messe vom heiligen Kreuz zu feiern!» — Der Abbé eilte zur Kapelle; auf das Glockenzeichen kamen einige Gläubige und auch Ritter Jean herbei.

Bei der Opferung des Kelches faltete der Priester das Corporale auseinander und bemerkte bestürzt darin einen Hostienpartikel, den er nachlässig im Corporale liegengelassen hatte. Nun sickerten Blutstropfen aus dem Partikel und röteten das Corporale.

Fünf Tage lang, von Freitag vor Pfingsten bis Dienstag nach Pfingsten, blutete die Hostie. Tausende von Gläubigen eilten herbei. Erst nach dem Fronleichnamsfest trocknete das heilige Blut ein und wurde ehrfürchtig in einer gotischen Monstranz verwahrt.

Es soll jeden Tag in meinem Herzen
ein Liebesgedanke wie eine Blume
aufgehen für Dich, o mein Herr.

Wie einst Christus dem ungläubigen Thomas erschien und ihn überzeugte, so gab Er seine sakramentale Anwesenheit (wahrhaft, wirklich und wesentlich) wiederholt durch Blutwunder an der Hostie kund, so in Bolsena, Lanciano, Daroca, Mirebeau, Santarém etc.
Im Jahre 1263 pilgerte der Priester Petrus von Prag nach Rom, um von seinen Skrupeln befreit zu werden. Unterwegs feierte er in der Kirche der heiligen Christina zu Bolsena die heilige Messe.
Als er zögernd und zweifelnd die heilige Hostie über dem Kelch entzweibrach, floss Blut hervor. Das hochheilige Blut tropfte nieder auf das Corporale und bildete dort 25mal das mit Dornen gekrönte Haupt Christi. Um kein Aufsehen zu erregen, wickelte der aufgeregte Geistliche schnell die blutende Hostie in das Corporale, versteckte alles in einem Kasten der Sakristei und berichtete den Vorgang dem Heiligen Vater, Papst Urban IV., welcher sogleich den Bischof von Orvieto zur Untersuchung nach Bolsena sandte mit dem Befehl, die blutende Hostie und das Corporale zu überbringen.
Bei Ankunft des Bischofs von Orvieto zogen ihm der Papst Urban IV. und viel Volk entgegen und der Papst nahm die blutenden Reliquien kniend in Empfang.
Zur Aufbewahrung der kostbaren Reliquie wurde das befestigte Orvieto ausersehen. Die Stadt erbaute einen herrlichen Dom. In der Cappella del Corporale befindet sich der Reliquienschrein mit dem Corporale von Bolsena.
Diesen denkwürdigen Vorgang des Blutwunders zu Bolsena, durch welches der Priester von der Wahrheit der Transsubstantiations-Lehre überzeugt wurde, verewigte der grosse Meister Raffael Santi in einem Fresco-Gemälde in den Stanzen des Vatikans.
Im folgenden Jahre 1264 setzte Papst Urban IV. das

hochheilige Fronleichnamsfest ein und beauftragte den heiligen Thomas von Aquin mit dem Festtext. Und der Fürst der Scholastik schrieb die herrliche Sequenz: «Lauda Sion, Salvatorem — Deinem Heiland, deinem Lehrer, deinem Hirten und Ernährer, Sion, stimm ein Loblied an!»

Papst Paul VI. führt dazu aus: «Nach dem Wunder von Bolsena wurde 1264 das Fronleichnamsfest, das Fest der Eucharistie, von Papst Urban IV. durch seine berühmte Bulle ‚Transiturus' als liturgisches Fest für die ganze Kirche vorgeschrieben. Wir sollten dieses Geheimnis der Eucharistie vertiefen gerade im Blick auf die innere und äussere Situation der Kirche in unseren Tagen. Wir müssen tiefer nachdenken über die Gegenwart Christi unter den Gestalten des Brotes und Weines und über seine lebendige und wahre Wirklichkeit; über die Bedeutung nicht nur des Mahles, sondern auch des wirklichen Opfers, der unblutigen Opferung des Leibes und Blutes Christi, wie es dargestellt wird durch die Darbringung des Brotes und des Weines. Die reale Gegenwart Christi in den eucharistischen Gestalten dauert auch über die Feier der Messe hinaus an. So sind die Verehrung des Tabernakels, die Anbetung des Allerheiligsten Altarsakramentes, die Prozession und die Eucharistischen Kongresse im Glauben, in der Theologie und in der Liturgie wohl begründet.

So werden wir unserem Glauben zu seinem höchsten Ausdruck verhelfen, sowie der Kirche ihre Lebenskraft, unserer Seele die Nahrung für unsere Heiligung und der Welt den leuchtenden Sammelpunkt für den Frieden geben.»

Christus hat für die ganze Welt gesühnt und der Christ soll in Teilnahme an der Sühne Christi «an seinem Leibe ergänzen, was an den Leiden Christi noch aussteht.»

Im Zentrum der im Heiligen Geist unfehlbaren, alleinseligmachenden heiligen Kirche, der makellosen Braut

Christi, steht die immerwährende Opferung des Blutes Christi auf unseren Altären — vom Aufgang bis zum Niedergang der Sonne. — Dazu kommt die Aufopferung von Christi Blut durch das unbefleckte Herz der Immaculata, der allzeit reinen Jungfrau und Gottesmutter Maria, der Miterlöserin und Gnadenvermittlerin, sowie die Anbetung des Lammes Gottes vor dem Tabernakel.
Die heilige Katharina von Siena, die Prophetin des Kostbaren Blutes, trat unerschrocken für die «Wahrheit» ein. So schreibt sie 1378 an Kardinal Peter von Luna: «Hätte uns Gott nicht geliebt und nicht unser Glück gewollt, so hätte er uns keinen solchen Erlöser geschenkt. So erkennt unser Geist im Lichte des heiligen Glaubens und im Blute die Wahrheit. Das muss die Seele entflammen. Und sie nährt sich in der Liebe zur Wahrheit und zieht es vor, lieber zu sterben als sie zu vergessen.»

## LANCIANO

Professor Manlio Masci bezeichnete das Eucharistische Wunder von Lanciano als «das grösste und der heutigen wissenschaftlichen Forschung gegenüber sichtbarste und berührbarste, verblüffendste und erbaulichste Wunder der ganzen Kirchengeschichte» (Zitiert aus seiner Schrift «Das Eucharistische Wunder von Lanciano», Hacker-Verlag, Gröbenzell, 1974).
Die geschichtliche Urkunde über Lanciano lautet:
«In jener Kirche, damals unter dem Titel des heiligen Leguntius, der Basilianermönch war, zweifelte im achten Jahrhundert ein Priestermönch, dass die konsekrierte Hostie wirklich der Leib des Herrn und der konsekrierte Wein sein heiliges Blut ist. Er feierte die heilige Messe. Nachdem er die Konsekrationsworte gesprochen hatte, sah er, dass die Hostie sich in Fleisch

und der Wein sich in Blut verwandelt hatte. Dies wurde den Umstehenden und dem ganzen Volk gezeigt. Das Fleisch ist heute noch unversehrt und das Blut in fünf ungleiche Partikel geteilt, die alle zusammen ebensoviel wiegen wie der einzelne Teil davon. Man sieht es genauso noch heute in jener Kapelle, die Giovanni Francesco Vasecca im Jahre des Herrn 1636 auf seine Kosten errichten liess.»

Professor Manlio Masci schreibt in seinem erwähnten Büchlein: «Dieses aussergewöhnliche Privileg aber — vielleicht das einzige in der Geschichte des Christentums — ist durch das eucharistische Wunder verkörpert, da Lanciano die einzige Stadt der Welt ist, in der man heute noch wie in dem Augenblick, in dem sich das Wunder ereignete, mit leiblichen Augen und mit vom Glauben getragener innerer Rührung den Leib und das Blut Christi — wunderbarerweise unversehrt — schauen kann, genauso wie vor zwölf Jahrhunderten in dem Augenblick, da sich das Wunder vollzogen hatte.»

Die blutende Hostie wird in einer kunstvoll gefertigten Silbermonstranz aufbewahrt und das heilige Blut in einem am Fusse der Monstranz zwischen zwei knienden Engelsfiguren befestigten Kristall-Kelch, in welchem das Wunder stattfand.

Anno 1921 fand in Lanciano bei Chieti der erste Eucharistische Kongress der Abruzzen statt. Im Jahre 1970 hat der Erzbischof von Lanciano eine medizinische Untersuchung dieser heiligen Reliquien angeordnet. Das Ereignis wurde in folgender Urkunde niedergelegt:

Lanciano, am 13. 7. 1971

Der Erzbischof von Lanciano
und Bischof von Ortana

Zahl: 06/L 0 /XXI

Der Unterzeichnete, Erzbischof von Lanciano, verkündet und bestätigt, dass in der Kirche zum heiligen Franziskus in Lanciano, die im Volksmund «Heiligtum vom Wunder der Eucharistie» heisst, aus dem achten Jahrhundert eucharistische Spezies unter der sichtbaren Gestalt von wirklichem Fleisch und Blut aufbewahrt werden.

Das Verwandlungswunder ereignete sich während einer heiligen Messe in der Kirche zum heiligen Leguntius, über der sich heute das oben genannte Heiligtum erhebt.

Auf erzbischöfliche Anordnung wurden die oben bezeichneten heiligen Reliquien einer medizinischen Untersuchung durch Fachgelehrte unterzogen, die sich über mehrere Monate erstreckte.

Diese wissenschaftliche Prüfung ergab:

1. Es handelt sich um wirkliches Fleisch und Blut.
2. Sowohl das Fleisch als auch das Blut stammen von einem Menschen.
3. Das Fleisch weist eindeutig die Struktur des Herzgewebes auf.
4. Das Fleisch und das Blut haben die gleiche Blutgruppe.
5. Das Diagramm des Blutes ist übertragungsfähig auf menschliches Blut, wie es heute entnommen wird.
6. Das Fleisch und das Blut gleichen dem einer lebenden Person.

Der Unterfertigte steht für die Wahrheit des oben Geschriebenen ein.

Erzbischöfliches
Sigillum

Pacifico Perontoni
Erzbischof und Bischof

Das Blut hat die sehr selten vorkommende Blutgruppe A/B. Drei israelitische Wissenschafter erklärten, dass diese Blutgruppe früher bei 95 % aller Juden nachzuweisen war. Nach der Untersuchung riefen die Wissenschaftler enthusiastisch aus: «Das ist Blut von unseren Vätern», und sie küssten ehrfürchtig den Kelch mit dem göttlichen Blut.

Die wissenschaftlichen Analysen an den Reliquien wurden 1971 im Laboratorium der Universität Siena durch Professor Ruggero Bertelli und durch Professor Odoardo Linoli, Primarius des Hospitals in Arezzo, durchgeführt.

Zum Schluss geben wir nochmals Professor Manlio Masci das Wort: Aber ist nicht auch die Unversehrtheit des Fleisches und Blutes durch so viele Jahrhunderte hindurch trotz physischer, atmosphärischer, umweltlicher und biologischer Einflüsse ein immerwährendes Wunder? Gerade die neuzeitliche Gewebediagnose ist es, die dieses fortwährende Wunder bezeugt. Hier ist das aktuellste Wunder, weil der Dialog über den Glauben zum theologischen Dialog wird!

Alle Skeptiker unter den heutigen Laien und Priestern sollten nach Lanciano pilgern. Wenn sie noch einen Funken von Ehrgefühl und Wahrheitsliebe besitzen, müssten sie vor diesem Wunder der göttlichen Liebe in die Knie sinken.

Gross ist das Geheimnis der Einwirkung des Blutes Christi zum liebenden Aufschwung der Seele zu Gott.

Gottesleugner gibt es nicht nur in unserer Zeit. So begaben sich im vorigen Jahrhundert zwei ungläubige Professoren der Universität Lyon zum heiligen Pfarrer von Ars, um ihn bei der heiligen Messe zu beobachten. Doch Gottes Barmherzigkeit beantwortete durch ein Wunder ihre sakrilegischen Gedanken. Als Pfarrer Johannes Vianney sprach: «Sehet das Lamm Gottes, das hinwegnimmt die Sünden der Welt», schwebte die heilige Hostie zur Kommunionbank und ging in den

Mund des ersten Kommunizierenden ein. Einer der beiden ungläubigen Professoren war durch dieses eucharistische Wunder so erschüttert, dass er sich vor den heiligen Pfarrer in die Knie warf und zerknirscht sich bekehrte. Angeekelt von der verführerischen Welt trat er in den Orden des heiligen Dominikus ein. Aus einem frivolen Verleugner wurde ein glühender Verteidiger des Glaubens.

## CASCIA (ITALIEN)

Ein alter Codex der Augustiner in Perugia verzeichnet die Begebenheit der Bluthostie in Cascia: «Anno 1330 wurde ein Pfarrer zu einem Sterbenden in einem Dorf bei Siena gerufen. Er holte eine heilige Hostie aus der Kirche und legte sie in die Seiten seines Breviers. Dann begab er sich auf den Versehgang. Als er das Brevier öffnete, gewahrte er voll Schrecken, dass aus der heiligen Hostie frisches Blut floss. Eilig kehrte er nach Siena zurück, wo er dem berühmten Augustinerpater Simone Fidati das Brevier mit der Bluthostie übergab und reumütig um Lossprechung vom begangenen Frevel bat.»

Der selige Simone Fidati betete in tiefster Ehrfurcht die blutige Hostie an und hinterliess sie den Augustinerinnen in Cascia als hochheiliges Geschenk. Dort wird sie heute noch verwahrt.

Vor dieser blutigen Hostie fasste die heilige Rita den Entschluss, im Kloster zu Cascia ihr Leben lang Sühne zu leisten für alle Missachtung und Verunehrung des heiligsten Altarsakraments, die frevelhafte Menschen in aller Welt begehen.

Eines Tages löste sich ein Dorn aus der Dornenkrone des Gekreuzigten und drang in ihre Stirn ein. Dieses leuchtende Ruhmeszeichen Christi schmückte ihre Stirn bis zu ihrem Lebensende. Während einer Krankheit

äusserte sie den Wunsch, man möge ihr eine Rose bringen. Trotz der Winterkälte blühte im Garten am erstarrten Strauch eine prächtige Rose. Zum Andenken an dieses Rosenwunder werden alljährlich am 22. Mai in den Augustinerkirchen die Rita-Rosen geweiht.
Die Päpste Bonifatius IX. und Gregor XII. haben mit feierlichen Bullen den Kult der Bluthostie von Cascia gestattet und mit Ablässen versehen.
Im Jahre 1926 wurde die wunderbare Hostie nochmals untersucht, wobei die Gelehrten feststellten, dass in der Hostie deutlich Christi Antlitz erkennbar sei.

## HEILIG BLUT IN ERDING/OBERBAYERN

In Erding bei München wurde schon im 14. Jahrhundert das Kostbare Blut Jesu besonders verehrt. Die Tradition berichtet: Ein Bauer wollte das heilige Sakrament bei sich zu Hause aufbewahren, um in allem besonderes Glück zu haben. Als er die heilige Hostie empfing, schluckte er sie nicht, sondern tat sie heimlich in ein reines Linnentuch. Nun bekam er doch Gewissensbisse. Als er die Stadt Erding verliess, schwebte plötzlich die heilige Hostie aus seinem Linnentuch in die Luft. Dann schwebte sie zur Erde und verschwand. Nun berichtete der Bauer sein Vergehen. Sogleich eilte der Geistliche mit vielen Gläubigen an den Ort des mystischen Geschehens. Da erhob sich die heilige Hostie vor aller Augen in die Lüfte und verschwand sodann in der Erde. Als der Bischof von diesem Wunder hörte, begab er sich in Begleitung des Domkapitels nach Erding, um persönlich sich davon zu überzeugen. Viele Gläubige schlossen sich betend an.
Es erhob sich die heilige Hostie abermals in die Lüfte, schwebte zur Erde und verschwand für immer. Jetzt verstanden die Gläubigen den Willen Gottes und riefen enthusiastisch: «Gott hat diesen Boden geheiligt —

Er will hier wohnen. Wir wollen zur Sühne für diesen Frevel ‚ergreifen des Allerheiligsten mit der ungeweihten Hand' an diesem Platz eine Kirche zu Ehren des Kostbaren Blutes bauen!»
Und so geschah es. Bald entstand eine würdige Wallfahrtskirche. Das Hostienwunder von Erding ist durch päpstliche Dokumente und Ablässe beglaubigt.
Es war stets strenge Vorschrift der Kirche, dass die heilige Hostie nur mit Gold und Linnen in Berührung kommen und von geweihter Hand gespendet werden darf. So ist gerade in heutiger Zeit, in der durch die Handkommunion Gott schwer beleidigt wird, «Heilig Blut» in Erding von eminenter Bedeutung. Regelmässig müssten unter Leitung des Erzbischofs von München-Freising Sühne-Wallfahrten nach Erding stattfinden.

## ST. SALVATOR ZU BETBRUNN/OBERPFALZ

20 Kilometer östlich von Ingolstadt ist der älteste Hostien-Wallfahrtsort Bayerns. Der Name hiess ursprünglich Vebrunn (= Ziehbrunnen) und dann Betbrunn. Nach alten Urkunden nahm 1125 ein Hirte die heilige Hostie aus dem Munde, schnitzte in einem zweiten Hirtenstab eine Nische und barg darin hinter Glas die heilige Hostie. Diesen Stab nahm er mit auf die Weide, um seinen Herrn im Sakrament zu verehren. Als bei einem Gewitter die Tiere wegliefen, warf er mit dem verkehrten Hirtenstab danach. Die heilige Hostie fiel zur Erde, der Wind trug sie bis auf den Felsen und sie blieb in einem Grübchen liegen. Weder der Hirte noch der Ortspfarrer konnten die heilige Hostie erheben. Dies gelang erst dem aus Regensburg herbeigeeilten Bischof Hartwich. Im Laufe der Jahre wurde über diesen Ort der wundersamen Begebenheit eine herrliche Wallfahrtskirche erbaut. Ein Decken-

fresko zeigt die Erhebung der heiligen Hostie durch den Bischof. — Der Hirte kannte auch den heiligen Bernhard von Clairvaux, der in Regensburg predigte. Viele Gebetserhörungen ereigneten sich in St. Salvator.
Reinhard Schneider schildert in «Die letzte Reise des Kurfürsten Maximilian», wie der Kurfürst Maximilian I. unter Tränen von St. Salvator Abschied nahm, um nach einigen Tagen in Ingolstadt, am 27. September 1651, seine Seele Gott zurückzugeben.

## DIE BLUTENDE HOSTIE IN AICHSTETTEN/ALLGÄU

Es war anno 1895, eine noch glückliche, friedliche Zeit in der Welt. Wie trafen doch des Dichters Verse zu:

Und ich wandre aus den Mauern
Bis hinaus ins freie Feld,
Hehres Glänzen, heilges Schauern!
Wie so weit und still die Welt!

Der Diakon Joseph Busert baute mit kindlicher Freude die Weihnachtskrippe auf. Nach der Mitternachtsmesse begab er sich nach Hause und schlief selig ein. — Zwischen zwei und drei Uhr in der hochheiligen Nacht hatte er ein seltsames Traum-Erlebnis. Ein Jüngling in wallendem blauen Gewande weckte ihn. Joseph fühlte sich fortgetragen in einen majestätischen Dom. Ein Bischof im vollen Ornat weihte ihn zum Priester. Der Engel flüsterte: «Der heilige Johannes, der Apostel und Lieblingsjünger Jesu, weiht alle, die gern Priester werden möchten, aber daran verhindert sind, wenn die Gesundheit versagt oder die Oberen versagen. St. Johannes liebt es, die Seinigen, die Johannesseelen, am grossen Fest der Liebe zu salben.»
Nun brachte der blaue Jüngling den Abbé Joseph

durch die sternbesäte heilige Nacht, damit er im Haus zu Nazareth die Engelmesse lese zur Freude all der Kranken, die sich auf dem weiten Erdenrund nach ihrem Heiland sehnen. Dann wurde die heilige Hostie von unsichtbaren Händen über weite Wälder und Berge in ein Haus getragen. Vikar Joseph las auf einer Tafel «Aichstetten-Leutkirch», dann erwachte er. — Am 25. März (Mariae Verkündigung) 1896 wurde er zum Priester geweiht von dem Elsässer Bischof Korum von Trier im Dom, wo das blutbefleckte Gewand Christi aufbewahrt wird.

Als er im Sommer die Landkarte studierte, erbleichte er, denn er las «Aichstetten». Nun gibt es wirklich diesen Ort, den er im Traum sah. — Er löste ein Ferienbillett in das Allgäu. — Ein herrlicher Ausblick auf die Bayerischen Alpen; die Waldungen des Fürsten Waldburg-Zeil (ein Freund der stigmatisierten Therese Neumann) reichen bis Aichstetten. Hier erfuhr der Vikar Busert, es war der 22. Juli 1896, von Anna Henle, welche die Wundmale des Heilandes trägt. An Weihnachten wird ihr immer von unsichtbarer Hand das Brot der Engel gereicht. Man lud den Vikar für diese Zeit ein.

Am Heiligen Abend 1896 sahen alle 17 Anwesenden, darunter zwei Priester, wie eine Hostie im Zimmer schwebte und sich der «Annerl» näherte. Alles sank auf die Knie. Da sprang Abbé Busert an das Lager der Stigmatisierten, sie möge den Heiland bitten, dass er ihr die heilige Kommunion reichen dürfe. Der Abbé nahm die Hostie, die in der Luft schwebte, und sagte: «Bist du wirklich der Heiland und kein Schein?» Da fing die Hostie an zu bluten — das Blut floss dem Vikar über die beiden Finger auf die Stola. Da kam von der «Annerl» die Stimme: «Reich mir doch den Heiland, ehe er verblutet.» Da reichte Joseph Busert die heilige Hostie. Dann kam der Segen; Tauperlen wie am Frühlingsmorgen in den Kelchen der Blumen, hingen an

Christus mit Dornenkrone, Holzstatue von Meinrad Guggenbichler, Kirche St. Wolfgang a. W. in Oesterreich.
Photo: Libri Catholici Wien.

Hauptaltar mit den Heilig-Blut-Reliquien in Lanciano. Ältestes und wissenschaftlich einwandfrei bewiesenes Blutwunder.
Photo: Santuario del Miracolo Eucharistico.

den Wänden, an den Heiligenbildern. Der Himmelstau leuchtete die ganze Heilige Nacht. — Abbé Busert berichtete dem Bischöflichen Ordinariat in Rottenburg unter Eid alles, was sich in Aichstetten zugetragen.
Abbé Busert heilte als Segenspfarrer viele Kranke, indem er mit den beiden Fingern, die vom Blute der heiligen Hostie gerötet waren, das Kreuzzeichen auf die leidenden Stellen zeichnete. Viermal befreite er Besessene.
Der Segenspriester Joseph Busert starb nach seinem Namensfest, am 20. März 1947, und die Sühneseele Anna Henle im Anno Santo 1950 am Aschermittwoch, den 20. Februar. (Vergleiche «Anna Henle, Der Leidensengel von Aichsteten im Allgäu» von Franz Tengg, Kreuz-Verlag Wien, 1972).

Jesus Christus, jetzt und immer
birgt sich in der Hostie Schimmer.
In die Seele er sich senkt,
die sich ihm als Wohnung schenkt.

## DAROCA (SPANIEN)

König Jakob I. von Spanien befreite die befestigte Stadt Valencia von der Maurenherrschaft und die Ritter von Daroca hissten auf den Zinnen des Tores Serranes von Valencia die Kreuzesfahne.
Nun griffen plötzlich die Mauren ausserhalb der Stadt die Christen an. Sechs Hauptleute, die noch kommunizieren wollten, mussten sogleich zu den Waffen eilen. Nach dem siegreichen Abwehrkampf holte der Priester das Corporale, in welchem er die sechs heiligen Hostien unter einem Stein verborgen hatte, hervor. Doch als er das Linnen auf dem Altare öffnete, fand er die sechs Hosten blutig am Corporale kleben. Tief

ergriffen lobten alle Gott für dieses Wunder. — Doch wieder griff der Feind die kleine katholische Schar an. Gestärkt durch das Hostienwunder stürmten die Christen von Teruel, Calatayud und Daroca den Sarazenen entgegen. Inzwischen befestigte der Feldgeistliche Matheo Martinez von Daroca an einer Stange das mirakulöse Corporale und hisste es auf den Zinnen der eroberten Festung Chio.
Nun gingen vom roten Erlöserblut auf dem weissen Linnen leuchtende Strahlen aus, welche die feindlichen Reiter blendeten; die Araberpferde bäumten sich wild auf. In völliger Auflösung mussten am 23. Februar 1239 die Sarazenen trotz ihrer siebenfachen Übermacht das Feld räumen und das Königreich Valencia für immer verlassen. Es war ein Schicksalstag in der Geschichte Spaniens.
Das wundersame Corporale mit den sechs Bluthostien wird seither in einem prächtigen Schrein auf einem gotischen Altar in der Kathedrale Santa Maria zu Daroca aufbewahrt und alljährlich in der Fronleichnamsprozession mitgetragen. Seither pilgerten fast alle spanischen Könige zum spanischen Nationalheiligtum nach Daroca.
Der fromme König Philipp II. von Spanien liess im Escorial sein Schlafgemach so anlegen, dass er von einem Fenster auf den Hochaltar der Kirche sehen und dem Allerheiligsten seine Liebe und Ehrfurcht bezeigen konnte.
Der Escorial, der Schloss, Kloster und Kirche vereinigt, wurde gerade in den drei Jahren fertig, als der heilige Aloisius als Page am Hofe des Königs weilte (1581 bis 1584).
Am 20. April 1903 erschien in der Kirche von Manzaneda (Nordspanien) vor der Monstranz der Jesusknabe in einem leuchtend weissen, mit violetten Blüten besäten Kleid. Aus den Wundmalen an Händen und Füssen und dem Herzen tropfte Blut nieder. Die

ganze Pfarrei, die religiös lau war, ergriff ein heiliger Schauer. Alle waren umgewandelt. Sämtliche Männer schlossen sich zu einer eucharistischen Bruderschaft zusammen, um abwechselnd Tag und Nacht vor unserem Herrn im Allerheiligsten Sakrament die Ehrenwache zu halten und dem blutenden Herzen Jesu für die sündige Menschheit Sühne zu leisten.

## LA REUNION/INDISCHER OZEAN

Am 25. Januar 1903 zeigte sich in der Kirche von Saint André auf der französischen Insel La Réunion (Indischer Ozean) dem Abbé Lacombe, Priester des Bistums Rodez, und Scharen von herbeigeeilten Leuten in der heiligen Hostie Christi Antlitz, benetzt von Blutstropfen.
Es war an einem Sonntag, Tag der Ewigen Anbetung vor dem ausgesetzten Allerheiligsten in der Monstranz. Nach der heiligen Wandlung, kurz vor dem «Pater noster» bemerkte der Priester oberhalb der Lunula der Monstranz das Antlitz Jesu im Glorienschein.
Als der Priester in die Sakristei zurückgekehrt war, schickte er die Ministranten zum Altar. Rasch kehrten die Kinder zurück und sagten: «Der liebe Gott macht sich sichtbar». Bald kam ein Jüngling von 16 Jahren namens Adam de Villiers, Student von einem Kollegium in Frankreich. Auch er trat vor das Allerheiligste und berichtete sogleich: «Der liebe Gott erscheint in der Hostie, ich sehe Sein göttliches Antlitz.» — Wie ein Lauffeuer verbreitete sich das Wunder. Bis zu dreissig Kilometer Entfernung kamen die Leute per Wagen angefahren, Gläubige und Ungläubige strömten während dem ganzen Vormittag in die Kirche. — Man löschte die Kerzen, aber je dunkler es wurde, umso heller strahlte das heilige Antlitz auf. — Der Stadtpräsident, Monsieur Duémil, kam in die Kirche,

um sich selbst zu überzeugen. Als er seinen Blick zum Tabernakel erhoben, rief er erstaunt: «Auch ich sehe!» — Hunderte von Unterschriften bezeugten die Vorkommnisse. Nachmittags verschwand das heilige Antlitz und es erschien ein Kreuz inmitten der konsekrierten Hostie. Es war oben und unten zirka zwei Zentimeter grösser als der Durchmesser der heiligen Hostie. Mehrere kurzsichtige Personen erklärten, dieses Kruzifix hinten in der Kirche, also auf eine Distanz von fünfzig Metern, deutlich gesehen zu haben. Nach dem «Tantum ergo» verschwand die Erscheinung. Hierauf erteilte der Priester mit der wunderbaren Hostie den Segen.

Lucie Christine schreibt in ihrem Tagebuch:

«Jesus zeigte mir in der Kommunion seine Herrschaft über die Seelen im Himmel. Er ist ihr König und ihr Urbild. Er ist ihr König als Erlöser, als Hirt, als Richter. — Seine Liebe hat mir das Dasein gegeben, das Leben des Glaubens und der Gnade. Seine Liebe, von der wir alle leben, von der seine Kirche lebt, sei allzeit gelobt! Diese Liebe ist das Morgenrot des Tages, das jetzt schon auf die Erde niedersteigt und einst ewig die allerheiligste Dreieinigkeit umstrahlt. — Meine Seele sah sich wie ein Prisma das Licht empfangen, das Licht, das sich im Prisma in alle bekannten Farben zerlegt, ein Kristall, den die Strahlen der Gottheit durchfluten.

Ich sah, dass Gott sich nicht verändert, wir hingegen wechseln. Ich bin immer noch ganz erschüttert von der Gewalt, die der Anblick der Einheit und Unveränderlichkeit Gottes auf die Seele ausübt, und von der unermesslichen Freude, welche die Offenbarung dieser grossartigen Eigenschaften in der kümmerlichen Seele hervorruft. — Wenn das Herz gleich einem unsichtbaren Pfeil das Geschenk der tiefen Liebe zu Gott empfangen hat, dann leidet es an einer stets offenen, geheimen Wunde. Es leidet unter den Beleidigungen

Gottes auf Erden. Leidet unter seinen eigenen Fehlern. Leidet unter der Unwissenheit und Gleichgültigkeit der Menschen gegen Gott. Der Gedanke, Gott nicht genug Seelen geben zu können, foltert es. Alles was der Eucharistie zu nahe tritt, verwundet es tiefer, als wenn es selbst getroffen würde. Es leidet unter der Verfolgung der Kirche, unter dem blinden Hass der Gottlosen, unter dem Unglück der Verirrten. Das Leiden hat kein Ende. Es ist ein Myrrhentropfen auf dem Grund des Herzens. Schliessen soll sich die Wunde nicht, denn es geschähe um den Preis, nicht mehr zu lieben» (Lucie Christine, «Tagebuch», Verlag Matthias Grünewald, Mainz).

## ARIGNEAUX/FRANKREICH

Als der Abbé von Arigneaux-Bois in der Diözese Reims am 7. Februar 1859 die Konsekrationsworte beendet hatte, strahlte ihm aus der heiligen Hostie ein feuerähnlicher Glanz entgegen und er bemerkte Blutflecken auf derselben. Der Ministrant erklärte: «Ich sehe das kostbare Blut unseres Herrn auf der heiligen Hostie.» Barmherzige Schwestern vom heiligen Vinzenz von Paul sowie zwei Lehrschwestern aus der «Doctrine chrétienne» und viele anwesende Personen durften das Wunder mit eigenen Augen sehen.
Hochrot tropfte und perlte das Blut aus der heiligen Hostie. Liebeglühend und zitternd fielen alle auf die Knie und dankten Gott dem Herrn, dass er sie würdigte, Zeuge einer solchen Wundertat sein zu dürfen. — Auch auf dem Corporale zeigten sich zwei Blutflecken.
Am 29. April, 8. Mai und 28. Mai 1859 erneuerte sich das Wunder bei der heiligen Messe. Am 28. Mai konnten 600 Personen die blutende Wunderhostie andächtig betrachten. Der Priester legte die heilige Hostie

ehrfurchtsvoll mit der goldenen Patene in den Tabernakel.
Der Erzbischof von Reims, Kardinal Gousset, liess die Sache authentisch untersuchen und gab sodann die Erlaubnis, dass alle Wallfahrer die blutige Hostie anschauen durften.

## MIREBEAU/FRANKREICH

Purpurn tropft das Blut aus des Heilandes Herzwunde.
In der Stadt Mirebeau, Departement Vienne, Diözese Poitiers, blutete 1911 die heilige Hostie, als der Priester, Msgr. A. Vachère de Grateloup, das heilige Messopfer darbrachte. Am 27. Mai 1912 hatte sich an einer Hostie ein Herz gebildet, woran man alle Äderchen erkannte. Am 18. Februar 1914 floss schon bei der Konsekration so viel Blut, dass sie nicht mehr in die Höhe gehoben werden konnte. Einige dieser blutbefleckten Hostien sind erhalten, wie auch zu Andechs solche aufbewahrt werden.
Im Jahre 1917 trugen Millionen in Frankreich auf der Brust die dreifarbige Kokarde mit dem Abzeichen des Herzens Jesu gemäss der Weisung Unseres Herrn an die heilige Margareta Maria Alacoque vom 17. Juni 1689, die Er im Jahre 1917 gegenüber einer Botschafterin Claire Ferchaud erneuerte: «Ich wünsche, dass mein Herz auf die Nationalfahne gemalt werde, und Ich werde sie siegreich machen über alle ihre Feinde.»
Am 7. Mai 1917 richtete Claire Ferchaud einen Brief an den Präsidenten, in dem u. a. steht: «Jenes Frankreich, welches die Älteste Tochter der Kirche genannt wird . . . Die Freimaurerei will den Untergang der katholischen Religion. Aber vom Himmel herab wacht das Herz Jesu über Sein Königreich.
Der Verräter lebt im Herzen Frankreichs. — Es ist die Freimaurerei, die, um den ewigen Untergang dieses

Landes zu erreichen, im Einvernehmen mit Deutschland den Krieg angezettelt hat ...

Möge Frankreich endlich erlöst werden durch das Reich des Herzens Jesu, trotz der Wut Satans und seiner Helfershelfer.»

Der französische Offizier und Priester Comte Charles de Foucauld trug Jesus im Altarsakrament mitten unter die Tuareg der Sahara. Er gründete einen eigenen Orden «Kleine Brüder vom Heiligsten Herzen Jesu». «Sie sollen Tag und Nacht das ständig ausgesetzte Allerheiligste anbeten, in der Einsamkeit der Klausur, in den Missionsländern.» Mit dem blutroten Herz Jesu auf dem Burnus hauchte Charles de Foucauld am 1. Dezember 1916 sein Leben aus.

Baronesse Pauline von Stransky trat 1840 als Maria von der heiligen Philomena in den Orden «Bon Pasteur» zu Angers (Frankreich) ein und gründete als Oberin von Nordafrika Klöster in Algerien. 1851 schreibt sie aus El-Biar an ihre «in Jesus innig geliebte Mutter» in München: «... denn dieser grossmütige König (Ludwig I. von Bayern) steht so einzig in seiner Art da, dass es wohl schwer sein möchte, in irgend einem Weltteil einen zweiten zum Beispiel Aller zu finden. — So liegt gerade in diesen unserer Nation eigentümlichen Eigenschaften ein Hauptgrund, aus welchem der liebe Gott Frankreich als Werkzeug seiner grossen Absichten in Afrika erwählte. Frankreich, dem es leicht ist, Bündnisse zu knüpfen und durch Wohlwollen und Liebe alle zu gewinnen.»

Den Gedanken der mystischen Vereinigung von Christus als den Weinstock und den Christen als den Reben, drückte die Priorin von Algier mit den Worten aus: «Ich fühle eine sehr lebhafte Dankbarkeit für jene, die das Herz Jesu im Allerheiligsten Sakrament hochherzig lieben oder dies zu tun verlangen. — O Jesus, das Glück für die ganze Ewigkeit in Deinem Herzen verborgen zu sein, übersteigt jeden Begriff.»

Lucie Christine schreibt in ihrem «Tagebuch»:
«Jesus versetzte mich geistigerweise in eine Freimaurerloge. Dort erneuerten sich die Schmerzen Seiner Passion. Er offenbarte mir Sein Leiden. Ich schaute, wie Gottlosigkeit und Hass ihn verfolgten. Meine Seele begriff all das Grauenhafte nicht, das Jesus unter den Gestalten der Hostie in den Händen jener Elenden erdulden musste und ahnte es doch. — Sühne für die unglückseligen Gehilfen der Hölle, die Freimaurerlogen. — So viele gottlose Gelehrte leben in ihrer falschen Wissenschaft eingeschlossen wie in einem Grab und sehen darin das Licht nicht mehr. Vermessene, sittenlose Schriftsteller reichen ihren Lesern Gift. Tief gesunkene Künstler wissen nicht mehr, dass die Kunst ein Kind Gottes ist und quälen sie solange, bis sie entwürdigende Meisterwerke des Bösen hervorbringt. Irregegangene Frauen begnügen sich damit, auf unheiliger Bühne Geld und Beifallsgeschrei einzusammeln und erfüllen alles mit dem Ruf ihrer Laster.
Mein Herz zerriss. Ich glaubte zu empfinden, was Veronika empfunden haben muss, als sie das von Tränen und Blut bedeckte Antlitz des göttlichen Erlösers trocknete. — Die Königin des Himmels war in einen langen blauen Mantel gehüllt. Er breitete sich weithin aus und fiel bis zur Erde nieder, und ein Stück des Mantels berührte Frankreich. Er schütze uns!»

## SANTAREM/PORTUGAL

Im Jahre 1266 hatte eine Frau in Santarém (Portugal) grossen Kummer wegen der Untreue ihres Mannes. Auf den Rat einer Hexe soll sie ihr eine Hostie bringen, um die nötigen Beschwörungen vornehmen zu können.
Die unglückliche Frau ging in die Stefanskirche zur Kommunion, nahm die heilige Hostie heimlich aus

dem Mund, band sie in den Zipfel ihres Kopftuches und verliess die Kirche. — Nun floss Blut aus dem Knoten des Schleiers. Zitternd vor Angst lief die Frau nach Hause und warf das Kopftuch mit dem Allerheiligsten in eine Truhe. Nachts brachen aus der Truhe helle Strahlen hervor, ein Wohlgeruch erfüllte den Raum und himmlische Musik wurde vernehmbar.
Nun erklärte die Frau alles ihrem Mann. Bald knieten beide zerknirscht nieder. — In aller Früh ging der Mann zum Prior der Stefanskirche, um über die wunderbare Begebenheit zu berichten. Nun zogen die Priester mit brennenden Fackeln zum Haus des Wunders, wo man in der Truhe die heilige Hostie mit Tropfen frischen Blutes sah. Die Priester legten die Bluthostie in eine Montranz und zogen in feierlicher Prozession durch die Strassen von Santarém.
Noch heute wird die blutige Hostie in der Stefanskirche, genannt «Die Kirche des Wunders», hochverehrt.

Dich liebt, o Gott, mein ganzes Herz,
und dieses ist mein grösster Schmerz,
dass ich betrübt Dich, höchstes Gut;
ach reinige mich in Deinem Blut.

## DER ENGEL VON FATIMA

Im Herbst 1916 erschien den Kindern Lucia, Francesco und Jacinta zu Fatima (Portugal) ein Engel mit einem Kelch in der Hand. Über diesem Kelch sahen sie eine Hostie, aus der Blutstropfen in den Kelch fielen. Der Engel betete:
«Mein Gott, ich glaube an Dich, ich bete Dich an, ich hoffe auf Dich und ich liebe Dich. Ich bitte Dich um Verzeihung für jene, die nicht an Dich glauben, Dich nicht anbeten, auf Dich nicht hoffen und Dich nicht lieben.

«Heilige Dreifaltigkeit, Vater, Sohn und Heiliger Geist, ich bete Dich aus ganzer Seele an und opfere Dir auf den kostbaren Leib, das Blut, die Seele und die Gottheit unseres Herrn Jesus Christus, der in allen Tabernakeln der Welt gegenwärtig ist, zur Genugtuung für die Schmähungen, durch die Er selbst beleidigt wird. Durch die unendlichen Verdienste des Heiligsten Herzens und auf die Fürsprache des unbefleckten Herzens Mariens bitte ich um die Bekehrung der armen Sünder.»

Im Juni 1929 fand in Tuy die letzte Erscheinung an Lucia statt: «In der Kapelle erschien ein Kreuz aus Licht über dem Altar. Im oberen Teil konnte man das Antlitz Gott Vaters sehen; an der Brust hatte er eine Lichttaube und ans Kreuz genagelt hing Jesus. Über der Gürtellinie konnte man einen Kelch und eine grosse Hostie in der Luft schweben sehen, in welchen Bluttropfen vom Antlitz des gekreuzigten Jesus und von seiner Seitenwunde fielen. Diese Tropfen liefen über die Hostie hinunter und fielen in den Kelch.»

## LADEIRA

In Ladeira, 25 km von Fatima entfernt, ist die stigmatisierte Seherin Maria de Conceiçao Mendes Horta. Kreuz und Hostie bluten hier in Gegenwart von zahlreichen Pilgern. Der Heilige Vater spendete der begnadeten Seherin seinen Apostolischen Segen.

Maria de Conceiçao (Maria von der Unbefleckten Empfängnis) wurde wunderbar vor einem Kruzifix von Leukämie (Blutzersetzung) geheilt. Am 7. Mai 1962 sah sie den heiligen Erzengel Michael. Am 5. Mai 1968 quoll Stigmenblut aus den Wunden der Seherin. Im Dezember 1968 schwitzte ein 1,50 Meter hohes Kruzifix, das sich im Hause der Begnadeten befindet, einen Monat lang Blut und verbreitete starken Wohlgeruch, so wie einst Magdalena den Herrn mit kostbarem Nardenöl salbte. — 1968 wurde in Ladeira ein 72jähriger Herr geheilt und am 7. Mai 1969 eine unheilbar Gelähmte. — Als man am 2. Februar 1972 den Tabernakel der Kapelle öffnete, fanden sich auf einer grossen Hostie fünf rote Tropfen Blutes vor.

## DER GOTTMENSCH

Das scheinbare Dilemma zwischen irdischem und übersinnlichem Geschehen klärt kein Vergleich, sondern nur die göttliche Offenbarung: Seit sich die Menschheit mit der Erbsünde belastet hat durch den Ungehorsam der Stammeltern im Paradies, liegt der Fluch über der gesamten Kreatur. — Die gefallene Welt seufzt seither nach Erlösung von der Sündenschuld. «Tauet Himmel den Gerechten, Wolken regnet ihn herab, rief das Volk in bangen Nächten.»
Die Tieropfer im Alten Testament konnten keine Erlösung bringen; die geschlachteten Lämmer im Tempel waren nur Symbol des kommenden Erlösers, des wahren Opferlammes. Einmal jährlich, am grossen Versöhnungstag, ging der Hohepriester im vollen Ornat, mit dem mit zwölf Edelsteinen geschmückten Brustschild, ins Allerheiligste. Unter Anrufung des Namens Jahwe goss er das Opferblut des Lammes auf den goldenen Gnadenthron der Bundeslade, um für das Volk Entsühnung zu erflehen. — Damit wurde die Menschheit vorbereitet zum Verständnis des unendlich kostbaren Blutes des «Lammes Gottes, das hinwegnimmt die Sünden der Welt».
Auch ein blosser Mensch konnte keine Genugtuung leisten, war nicht satisfaktionsfähig. Nur ein Gottmensch (wahrer Gott und wahrer Mensch) konnte Erlösung bringen. Das Wort «Gottmensch» ist der Schlüssel zur Erkenntnis des Kultes zum heiligen Blut und des hei-

ligen Messopfers. Nach dem ewigen Heilsplan Gottes opfert Jesus sein Herzblut, das als die versöhnende Macht alle Schuld tilgt. — Einzig und allein aus reiner Gnade und aus der Liebe Gottes zu den Menschen vollzog sich das Geheimnis der Menschwerdung: Durch Überschattung des Heiligen Geistes ist das Wort Fleisch geworden aus Maria der Jungfrau. Somit ist Jesus Christus der Menschensohn, obgleich Sohn Gottes (Heilig-Geist-Enzyklika Papst Leos XIII. «Divinum Illud» vom 9. Mai 1897). — Der heilige Pfarrer von Ars sagte, dass er jedesmal eine besondere Gnade erlangte, wenn er die Gottesmutter bat, an seiner Stelle das Kostbare Blut ihres Sohnes aufzuopfern. — Der Gottmensch ist die Brücke, der Mittler zwischen Gott und Mensch. — Daraus ersieht man: Wer die Gottheit oder die Menschheit Christi leugnet, ist nicht mehr katholisch und ist automatisch exkommuniziert. Ihn trifft der Fluch des Apostels (2 Kor. 11, 13; 2 Jo. 11). — «Durch den Heiligen Geist wurde Christus in Heiligkeit empfangen, auf dass er der natürliche Sohn Gottes sei, und durch ihn werden die anderen geheiligt, auf dass sie Kinder Gottes würden durch Annahme an Kindesstatt» (S. Thom; S. th. 39 a, 32, a. 1).

Aus der Herzwunde des zweiten Adam, als der Messias am Kreuze entschlafen war, ward die Kirche Christi geboren, welche die Pforten der Hölle nicht überwältigen werden. Christus ist das Felsen-Fundament (1 Kor. 3, 11). Wer auf diesen Eckstein fällt, der wird zerschmettert und auf wen er fällt, der wird zermalmt (Mt. 21, 44). Entweder Monarchie, Königtum Christi im gesamten Universum, oder Anarchie, totaler Zusammenbruch. «Immer und überall ist Christus und Seine Kirche eine und dieselbe Macht, eine und dieselbe Instanz» (P. A. M. Weiss). Die Kirche eine Königin, weil Christus ein König (Prälat R. Mäder).

Die Verehrung des Kostbaren Blutes ist im Grunde genommen nicht eine Andacht, sondern das Gedächtnis des Preises unserer Erlösung. — Der Gedanke, dass Gott in uns als «Tempel des Heiligen Geistes» wohnt, bewirkt das Gebet der Sammlung des Geistes, die jede Zerstreuung ausschliesst und den Seelenfrieden gibt. «Gottes Wille ist die Stille, des Teufels aber ist der Lärm» (Professor Ernst von Dombrowski).

Es sei in mir kein Tropfen Blut, der nicht, Herr, Deinen Willen tut!

Tiefste Ehrfurcht zeigt sich in der griechisch-katholischen Kirche, da der Vorgang der heiligen Wandlung hinter einem Vorhang vollzogen und somit den profanen Blicken des Volkes entzogen wird. Das Mysterium soll nicht im grellen Licht des Alltags stehen; es geht dabei der Schmelz, der Schimmer der Heiligkeit, den das Volk höher schätzt als Verständlichkeit, unwiederbringlich verloren. Auch in der römisch-katholischen Kirche wurden ursprünglich die Vorhänge des Baldachin-Altares geschlossen; sagt doch die Heilige Schrift: «Als das All im tiefsten Schweigen lag und die Nacht die Mitte ihres Laufes erreichte, da stieg Dein allmächtiger Logos, Herr, vom Himmel von seinem königlichen Thron herab» (Weish. 18, 14). «Wie ist furchtbar diese Stunde» — ruft der Diakon in der syrischen Liturgie dem Volke zu. — So herrscht atemlose Stille, nur das Pochen des Herzens ist noch vernehmbar. Des Glöckleins Silberton erschallt. Es öffnet sich der Himmel und es steigt Christus der Gottkönig mit seinen Hofleuten, den Engeln, die ihren König begleiten, hernieder (Heiliger Gregor Dial. 4, 58).

«Von dir kommt aller Adel, o Geist, in diese Welt. Du rufst den niedern Diener ins hohe Königszelt» (R. von Kralik).

Kardinal Jean Daniélou schreibt: «Der Geist des Lobpreises ist die Anerkennung der Transzendenz Gottes. — Gott ist der unumschränkte Herrscher, von dem alle Dinge in jedem Augenblick abhängen, so dass nichts Bestand hätte, wenn Er es nicht im Sein erhielte. — Sobald wir nur etwas von diesem Wert (Vollkommenheit Gottes) ahnen, entringt sich unserer Seele ein Schrei des Entzückens, den die religiöse Sprache Anbetung nennt.»

«Ich bin das Brot des Lebens. Ich bin das Licht der Welt» (Jo. 6, 35; 8, 12). Der Mittelpunkt des Weltgeschehens ist Gottes Blut im heiligen Messopfer. Pater Johann Nepomuk Lenz sagt dazu: «Alles Geschaffene ist endlich — in Raum und Zeit; Gott allein ist unendlich und ewig. Nirgends aber zeigt sich Gottes Unendlichkeit wuchtiger als in den unerforschlichen Tiefen des Weltalls. Die Entfernung der Sonne von der Erde zählt 150 Millionen Kilometer. Ein Wanderer zur Sonne müsste bei einer täglichen Wegstrecke von 40 Kilometer 10 274 Jahre gehen.

Vor Gottes Grösse und Macht sind alle Grössen belanglos. «Stäubchen am Mantelsaum» — vor der göttlichen Majestät. Und die letzten Grenzen sind absolut sicher geborgen — in Gott. Das genügt und wird für uns alle Zeit genügen müssen. — Hier erkennen wir die absolut sichere Wahrheit göttlicher Offenbarung — und beten: «Ich glaube an Gott, den allmächtigen Vater, Schöpfer des Himmels und der Erde.»

Welch edle Grösse liegt darin, wenn wir uns in der Gotteskindschaft ganz auf Gottes Seite stellen. — Unser einziger Zugang zu Gott ist das Gebet, die Erhebung des Geistes zu Gott, die Audienz bei Gott. So kommen wir schrittweise näher zu Gott und das ist unsere Lebensaufgabe. — So wird all unsere Arbeit und Erholung, alle Opfer, Freud und Leid, zum Gottesdienst, zur Nachfolge Christi.

«Das ist der erhabenste Beruf: Gottes Helfer zu sein und die Schöpfung heimzuführen zu ihrem Herrn» (Dionysius).

Gott ist es auch, der uns die Zehn Gebote gegeben und an Seine Kirche uns verpflichtet. Er ist es auch, der uns mit Seinem Blut erkauft ...

Im heiligen Messopfer kommt Er und opfert sich ständig für uns. Und all unsere Leistungen und Erlebnisse sind nur soweit wichtig und wertvoll, als sie uns näher bringen zu Gott. Wenn aber der Getaufte an Christus vorbeigeht, ist er eine wandelnde Katastrophe. Die Lästerer und Leugner Gottes sterben hinein in Gottes Gericht.
Wer nicht Gottes Wege sucht, verkommt auf den Strassen der Hölle. «Für Dich, o Gott, hast Du uns erschaffen! Ruhelos ist unser Herz, bis es ruht in Dir, o Gott!» (St. Augustinus).
Der Leib kann in Raum, Zeit und Stoff, in Speise und Trank sein Genügen finden. Der Geist nur in Gott.

«Mein Sohn, komm, liebe mich», so liess mein Gott mir künden,
«Sieh an die Brust, durchbohrt, mein Herz, das blutet, leuchtet,
Und meine Füsse wund, die Magdalena feuchtet
Mit Tränen, und die Arme müd von deinen Sünden;

Und meine Hände sieh und mich am Kreuze hangen,
Die Nägel, Galle, Schwamm, und was dich lehrt,
In dieser Welt, wo nur das Fleisch man ehrt,
Mein Fleisch und Blut, mein Wort und meine Stimme zu umfangen.

Hab ich dich nicht bis in den Tod geliebt,
Mein Bruder mir im Vater, Sohn im Geist,
Und nicht für dich gelitten, wie's die Schrift erweist?

Hab ich nicht deine Todesangst verspürt,
Und nicht geschwitzt den Angstschweiss deiner Nächte,
Und suchst noch, Armer, wo ich deiner dächte?»

Aus «Sagesse» von Paul Verlaine

# *Auch Maria weint blutige Tränen*

Vom ersten Moment ihres Daseins an war Maria durch das Kostbarste Blut, das in ihrem Schosse gebildet werden sollte, «in Gottes Licht getaucht». Sie ist die Unbefleckt Empfangene. So war sie vorbereitet, makelloses Gefäss des Kostbaren Blutes zu sein. Und so empfängt sie durch die Kraft des Heiligen Geistes. «Et incarnatus est — und das Wort ist Fleisch geworden.» Das menschliche Blut Mariens wurde zum wahrhaft göttlichen Blut Jesu. Das kostbare Blut gibt dem unbefleckten Herzen Mariae die Kraft, auch den stärksten Gotteshass in der Welt zu zertrümmern.

## DIE BOTSCHAFT VON KERIZINEN

Am 25. April 1961 sprach die Gottesmutter zu Kerizinen (Bretagne): «Betrachtet meine Offenbarungen als eine marianische Apokalypse, in absoluter Übereinstimmung mit der Apokalypse des heiligen Johannes. — Wenn Gott in seiner Kraft und Weisheit nicht eine Grenze setzte, würde die ganze Menschheit zerstört durch die Grausamkeit der von den Menschen erfundenen Waffen. Sie würde ihre eigene Vernichtung verursachen, schreckliche Zerstörungen im ganzen Universum, in der ganzen Schöpfung, die Gott aus Liebe erzeugt hat, zum Wohle und zum Glück meiner Kinder.»

Am 1. Oktober 1955 erschien Jesus in Kerizinen. Zweierlei Strahlen drangen aus der Wunde seines Herzens. Die weissen Strahlen stellen das Wasser, die roten Strahlen das Blut dar, das aus dem Herzen Jesu floss, als es am Kreuz geöffnet wurde. Der weisse Strahl versinnbildet das Wasser, das die Seele reinigt, der rote Strahl das Blut, welches das Leben der Seele ist.

Das Wunderbarliche Gut von 1199 in der Wallfahrtskirche Heilig-Kreuz, Augsburg.
Photo: Presse-Bild O. Poss, Eisenärzt.

Blutreliquie in Heiligenblut Kärnten.
Photo: H. Tollinger, Bad Döbriach Kärnten.

Am 26. März 1963 sprach Jesus zur Seherin: «Der schönste Beweis der Nächstenliebe, den du einer Seele geben kannst, ist, sie zu mir zu führen.»
Die Heilige Jungfrau offenbarte am 24. März 1958 in Kerizinen: «Durch den Heiligen Geist hat sich die Kraft des Blutes Christi ausgegossen. Nur seine Verbreitung kann erlauben, aus diesem Blute Nutzen zu ziehen. Aber da der Heilige Geist nicht Fleisch geworden ist, können ihn fleischliche Wesen wegen ihrer Blindheit nicht wahrnehmen. Daher wirkt Er durch mich, die ich seine Braut bin und die Ausspenderin seiner Gnaden, wie Er selbst der Ausspender der Verdienste Christi ist.»
Am 15. Dezember 1959 sagte die Gottesmutter: «Liebt Ihr meinen Sohn? Liebt Ihr mich? Weil wir Eure Rettung wollen, vermehren wir unsere Erscheinungen bei Euch und begleiten sie mit genügend augenfälligen Zeichen, um die Seelen guten Willens zu erleuchten — ohne der Freiheit jener Gewalt anzutun, die weder sehen noch hören wollen.»
In der Grotte zu Oulx Susa im Piemont sagte am 17. Mai 1971 die Immaculata: «Empfehle Busse zu tun für das Heil der Seelen! Ein grosser Teil geht in die Hölle, weil sie keine Zeit mehr haben zu bereuen und plötzlich sterben.» Die Seherin: «Es erschien ein Abgrund. Inmitten der Flammen sah ich verzweifelte Seelen, die sich darin wälzten. Es waren viele junge Frauen (Sünde durch schamlose Kleidung) und auch Kinder von acht Jahren und mehr (zu Verbrechern durch das Fernsehen geworden). Dann sah ich Jesus überströmt mit Blut. Die Heiligste Jungfrau sagte mir: ‚Siehe, wieviel Blut unnützerweise für die Seelen vergossen wurde.'»
Am 6. Februar 1972 gebietet die Immaculata: «Beeilet euch, geweihte Söhne. Die Strafgerichte werden gleich hereinbrechen überall in der Welt, und Ich will euch gerettet wissen für die Rettung der Seelen. Die Zeit ist

kostbar; ihr wisst nicht, wieviel Uhr es geschlagen hat. Es ist die Stunde des Erkennens, dass Ich die Mutter bin. Es ist das Zeitalter der Immaculata, welches das Kommen Christi in der ganzen Welt vorbereitet. Tut, was Ich euch befehle, und ihr werdet das Heil der Seelen ernten. — Gehorchet Jesus, wachet mit Ihm im Garten von Gethsemane. Der Feind ist auf der Lauer; beeilt euch zu gehorchen.»

«Diese Tränen der Muttergottes bringen in Erinnerung, dass sie wahrhaft Miterlöserin ist. Wir wurden ihre Kinder, als ihr Sohn am Kreuz für uns und sie geheimnisvoller- und geistigerweise mit Ihm starb. — Wir wurden geboren aus den Tränen Mariens und dem Blut ihres einzigen Sohnes. Der Tag der Geburt Christi war für Maria voll unfassbaren Mutterglückes. Der Tag unserer Geburt in die Welt hinein war der schwerste und dunkelste ihres Lebens. Die Ursache des Leides, das Maria für uns dulden musste, ist die Sünde. Seit dem Sündenfall, der Erbsünde, sind alle Menschen Kinder des Zornes Gottes.» Warum weint die Muttergottes gerade in unserer Zeit so häufig blutige Tränen (1971 Marópati, 1972 Porto San Stefano)? Weil die Sünde noch niemals solche Triumphe gefeiert hat. Ganze Völker erklären Gott den Krieg. Alle ihre Geldmittel, ihre Arbeitskraft und militärische Macht stellen sie in den Dienst Satans zur Ausrottung des Gottesgedankens. Nicht plötzlich kam diese Tragödie. Das Jahr 1517 mit seiner Spaltung durch den Protestantismus leitete den Abfall von der Kirche ein. Das Jahr 1717 mit dem Aufblühen der Freimaurerei bedeutete den Beginn eines Massenabfalles von Christus. 1917 wurde dieser Zersetzungsprozess durch den Kommunismus mit dem Abfall von Gott abgeschlossen. Es war unserm Jahrhundert vorbehalten, Selbstmord zu begehen durch zwei Weltkriege» (H. Jongen S. M. M.).

## DIE MUTTERGOTTES VON SYRAKUS HAT GEWEINT

Im September 1953 hat eine Madonnenstatue in der Wohnung einer Arbeiterfamilie mehrmals geweint. Zehntausende von Menschen wurden Augenzeugen, zahlreiche Wissenschafter durften den Fall untersuchen, die Meldung ging durch die ganze Weltpresse, der sizilianische Episkopat hat das Wunder anerkannt und Pius XII. wandte sich in einer Rundfunkansprache an das sizilianische Volk. Über dem Ort des Wunders wurde in den vergangenen Jahren die grösste Kathedrale der Welt erbaut (Ottavio Musumeci, «Die Muttergottes von Syrakus hat geweint», Credo-Verlag, Wiesbaden).

## BLUTENDE HERZWUNDE IN FLORENZ

Am 8. September 1969, am Fest Maria Geburt, begann die Herzstelle eines alten spanischen Muttergottesbildes in der Pfarrei S. Giovannino dei Cavalieri, Via San Gallo 66, Florenz, zu bluten. Wie eine dicke, geronnene Kette fällt das Blut von der linken, oberen Brustseite über das linke Händchen des Jesuskindes, während Er mit Seiner Rechten die Herzstelle bezeichnet. Von der läuft es weiter über den rechten Arm Mariens auf des Kindes Tuch in ihrem Schoss. Die wunderbare Begebenheit, seine Plötzlichkeit und Echtheit sind einwandfrei bezeugt. — Ein Blutwunder ereignete sich am 3. Januar 1971 an einem Bildnis der Madonna von Pompeji, das sich im Besitz des Rechtsanwalts Giovanbattista Cordiano in der süditalienischen Landgemeinde Marópati befindet. Das Blut tropft aus den Augen und dem Herzen der Gottesmutter. Das vom Bildnis herablaufende Blut bildet an der Wand Kreuze. Polizeileutnant Salvatore Scarfo bezeugt diesen Vorfall. Viele Pilger kommen zu dem blutenden Bild. Der Leiter der Vatikanischen Kommission, Msgr. Francesco Luzzi, erklärte, dass das Madonnenbild «zweifellos Blut absondert». Die chemische Untersuchung im Laboratorium in Reggio Calabria ergab einwandfrei, dass es sich um menschliches Blut handelt.

In Marópati weint die Gottesmutter Tränen von Blut. «In so traurigen Zeiten, wo die Menschheit jedes moralische und religiöse Gesetz mit Füssen tritt, wo das Heidentum triumphiert — das Gären im Volk, die Verbrechen, die Diebstähle, die Selbstmorde, der Nudismus, die religiöse Gleichgültigkeit; da kann nur die Muttergottes, Hilfe der Christen und Bezwingerin der Häresie, den Arm der göttlichen Gerechtigkeit zurückhalten.» (Don Giuseppe Tomaselli).

Besonders eindrucksvoll war das Blutwunder am 8. Dezember, dem Hochfest der katholischen Kirche — Maria Unbefleckte Empfängnis. Ein Student, der sich zum chinesischen Maoismus bekannte, sank bei dem Blutwunder weinend in die Knie und betete.

Zu gleicher Zeit mit dem Geschehen in Marópati hat das Krucifix in Syrakus Blut geweint.

Wie bewahrheiten sich doch immer wieder die Worte von P. Josef Kreitmaier SJ.: «Für die Seelsorge ist es völlig gleichgültig, ob sich unser Volk an einem hochwertigen Kunstwerk erbaut oder an einem künstlerisch bedeutungslosen», einmal weil ein blosses Kunstwerk (l'art pour l'art) oft sehr profane Tendenzen zeitigen kann und die sogenannte religiöse Aufgabe vermissen lässt, sodann weil ein vom Künstlerischen isoliertes Erlebnis des Heiligen nicht weniger nachhaltig, ja sogar nicht selten noch intensiver in der Seele wirken kann. Denn letzten Endes hängt die religiöse Ergriffenheit der Seele von der göttlichen Gnade ab. Die unendliche Majestät Gottes, den Himmel und Erde nicht zu fassen vermögen, ist in Seinem Wirken nicht von menschlichen Kunstwerken abhängig und lässt ich schon gar nicht vorschreiben, woran Er Seine Gnaden knüpft. So hat Gott in auffallender Weise gerade in unserer Zeit, in der durch das vom Satan eingeflüsterte hochmütige Schlagwort «Kitsch» eine Bilderstürmerei von ungeheurem Ausmass angekurbelt wurde, an ganz primitiven Heiligenbildern Seine grossen Wunder gewirkt (z. B. Madonna in Syrakus, Marópati, San Stefano etc.). Somit erfüllt sich die Heilige Schrift: «Gott hat das Kleine, Schwache auserwählt, um die überheblichen, stolzen Pharisäer zu beschämen» (1 Kor. 26).

## BLUTIGE TRÄNEN IN PORTO SAN STEFANO

In Porto San Stefano, Hauptort der Insel Monte Argentario im Tyrrhenischen Meer, weinte die Statue der «Königin der Welt» im Hause des stigmatisierten Enzo Alloci am 16. Oktober 1972 blutige Tränen. Am 24. Oktober 1972 gab die Madonna die Botschaft: «Hoch das kostbare Blut Jesu, das uns gerettet hat! Mein Sohn, ihr müsstet ein jedes Geheimnis des Rosenkranzes in dieser Weise für das Heil der sündenbeladenen Seelen beten. — Meine Tränen sind erfüllt mit Blut.»
Bereits am 8. Mai 1972 sagte die Madonna: «Was wird mit euch geschehen, wenn ihr nicht fähig seid, Gott eine reine Seele zurückzugeben? Mehrere Millionen Seelen stürzen sich von selbst in die höllischen Abgründe.»
Im grossen Schmerz über den traurigen Zustand der Welt hat die Muttergottes — Miterlöserin des menschlichen Geschlechtes, blutige Tränen geweint.

Christi Mutter stand mit Schmerzen
Bei dem Kreuz und weint' von Herzen,
Als ihr lieber Sohn da hing.

Ach das Blut, das Er vergossen,
Ist für mich dahingeflossen,
Lass mich teilen seine Pein.

Mach, am Kreuze hingesunken,
Mich von Christi Blute trunken
Und von Seinen Wunden wund.

## MIT DEM SÄBEL GEGEN MARIA

Solch ein blutiges Madonnenbild befindet sich auch in Neukirchen Heilig Blut nahe der böhmischen Grenze. Als vor 500 Jahren (1450) ein hussitischer Bilderstürmer mit einem Säbel auf die Marienstatue einhieb und sie spalten wollte, entquollen dem Gnadenbild Blutstropfen, die über die Stirn rannen. Herzog Ludwig X. in Bayern vergrösserte die alte Wallfahrtskirche «Beim Heiligen Blut» mit dem Titel «Maria Geburt», Patrozinium 8. September. Chroniken berichten von jährlich 60 000 Pilgern. Bei der 450jährigen Festfeier der Wallfahrt im Mai 1900 fanden viele Pilger Hilfe in Heilig Blut. 1952 pilgerte der japanische Bischof Aloisius Akira Okihara nach Neukirchen Heilig Blut.

## *Das Blutzeugnis der Martyrer und der Stigmatisierten*

Es gibt ein berühmtes Wort aus der Urkirche: «Das Blut der Martyrer ist der Same für neue Christen.» Das Wort Martyrer stammt aus dem Griechischen und heisst «Zeuge». Martyrer wurde zum Ehrentitel für jene Christen, die Christus durch ihre Standhaftigkeit für das Bekenntnis des Glaubens im Tode nachahmten und Zeugnis für ihn ablegten. Als Martyrer im strengen Sinn gelten nur solche Christen, die um ihres Glaubens willen oder zur Verteidigung ihrer Tugend den Tod erlitten haben.

Wer sich nur ein bisschen in der Kirchengechichte auskennt, weiss um die gewaltigen Blutopfer, die in allen Jahrhunderten und auf allen Kontinenten für Christus gebracht wurden, besonders in den ersten drei Jahrhunderten im Römerreich, im vierten und fünften Jahrhundert im Perserreich. Im «Römischen Martyrologium» sind die meisten bekannten Martyrer aufgeführt. Die ersten Päpste gaben fast alle ausnahmslos ihr Leben für Christus.

Allein im zwanzigsten Jahrhundert starben Millionen von Christen in den Vernichtungslagern Hitlers, Stalins und Maos. Die katholischen Armenier wurden fast als ganzes Volk von den Türken in einem furchtbaren Blutbad ausgerottet.

### DIE LIEBLINGSHEILIGE DES PFARRERS VON ARS

Die heilige Philomena, eine Griechin, wurde in Rom unter Kaiser Diokletian im Jahre 303 enthauptet. Die heilige Jungfrau und Martyrin betete zu Gott: «O

Herr, mein Blut wurde vergossen auf Erden, erlaube nicht, dass es von den Füssen der Ungläubigen zertreten werde. Diese Gnade, o Herr, erbittet Philomena, welche die Eigenschaft hat, zu erleuchten: Domine, illumina eos, qui in tenebris et in umbra mortis sedent.»

Monsignore Ludovici, Rom, liess am 25. Mai 1802 in der Priscilla-Katakombe ein Grab öffnen. Um die Inschrift «Pax tecum, Filumena» befinden sich die Symbole: Palme (Triumph), drei Pfeile (Martyrium), eine Blume (Keuschheit), ein Anker (Hoffnung). Bei den Gebeinen befand sich eine Ampulle mit Blut. — Am 10. August 1805 kam der heilige Leib mit Blutreliquie in die Pfarrkirche von Mugnano del Cardinale bei Neapel. Im Sanctuarium der heiligen Philomena befindet sich seither der goldene Reliquienschrein mit ihrem Blut. Das eingetrocknete Blut verflüssigt sich zuweilen. — Gar bald begannen die Wunder. Der unheilbar gehbehinderte Angelo Bianco ward sogleich von seiner schweren Krankheit genesen. Am 10. August 1835, dem Fest der heiligen Philomena, verbrachte die sterbenskranke Pauline Jaricot aus Lyon den ganzen Tag vor den Reliquien der Heiligen in Mugnano. Plötzlich erhob sich die Sterbende völlig geheilt. Pauline erhielt eine wertvolle St.-Philomena-Reliquie, die sie in Frankreich dem heiligen Pfarrer von Ars verehrte. Seither geschahen in Ars unzählige Wunder.

1849 floh Papst Pius IX. in der Karosse des bayerischen Gesandten nach Neapel. Bei dieser Gelegenheit wallfahrtete er nach Mugnano und feierte bei der Blutreliquie der heiligen Philomena das heilige Messopfer, wobei ein Knabe geheilt wurde. Der heilige Papst Pius X. versicherte: «Der grösste Beweis zugunsten der Verehrung der heiligen Philomena ist der heilige Pfarrer von Ars.» Allein von 1856—1858 geschahen auf ihre Fürbitte 466 amtlich bestätigte Wunder. Sie war die Wundertäterin des 19. Jahrhunderts, sowie es im

20. Jahrhundert die heilige Theresia von Lisieux ist. Die meisten bekehrten Inder haben gerade die heilige Philomena sich zur Schutzpatronin auserkoren. Immer wieder erlebt man in den Missionen die Wahrheit der Worte: Anima naturaliter christiana — die Seele ist von Natur aus christlich.

## DAS BLUT DES HEILIGEN JANUARIUS IN NEAPEL

Gott ist wunderbar in seinen Heiligen. Dreimal im Jahre (am ersten Samstag im Mai, am 19. September und oft auch am 16. Dezember) rauscht in der Ampulle das wundertätige Blut des heiligen Januarius († 305, Martyrer) auf, nachdem das Volk im Dom immer wieder gerufen: «San Gennaro, prega per noi!» Wird das Blut nicht flüssig, dann ist für Neapel eine Katastrophe zu befürchten (Ausbruch des Vesuv, Erdbeben, Pest). Während ein Kanonikus der Silberbüste des neapolitanischen Patrons San Gennaro einen Brokat-Mantel umhängt und die mit Rubinen, Smaragden und Diamanten besetzte Mitra aufs Haupt des Christus-Ritters setzt, erschallen die ersten «Evviva-Rufe». Zu gleicher Zeit, wenn das Blut im Dom sich verflüssigt, blutet der Stein in der Kapuzinerkirche zu Pozzuoli bei Neapel, auf dem der heilige Januarius 305 enthauptet wurde. Im Jahre 1860 wurde dem König Franz II. von Neapel eine mit dem Blute vom mirakulösen Steine von Pozzuoli getränkte Baumwolle übergeben.
Kanonikus Josef Haslinger schrieb in der Zeitschrift «Benediktus-Bote» 4/72, Michaelbeuern bei Salzburg: «Bei der Beobachtung des seit 17. August 1389 geschichtlich bezeugten und jährlich mehrmals wahrzunehmenden Blutwunders an den Gedenkfeiern des heiligen Schutzpatrons von Neapel, drängen sich den kri-

tisch Prüfenden verschiedene Fragen auf, wie zum Beispiel, ob das gestockte Klümpchen in der Glasampulle, das jeweils flüssig zu werden pflegt, auch wirklich Blut ist, ob nicht der Einfluss von Wärme, Licht oder Massensuggestion im Spiel ist u. a. m. Ist das Wunder von ernsthaften Männern der Wissenschaft, der Medizin, der Biologie auf wissenschaftlich einwandfreie Weise schon geprüft worden? Dazu ist zu sagen, dass kaum ein anderes Wunderphänomen so sehr im Blickfeld der wissenschaftlichen Kritik von Freund und Feind gestanden ist wie das des Januariuswunders von Neapel. Einen Überblick über die wissenschaftlichen Untersuchungen zum Phänomen bietet das von Aldo Caserta und Gastone Lambertini mit Empfehlung und einem Vorwort vom jetzigen Kardinalerzbischof Konrad Ursi herausgegebene Büchlein: ‚Geschichte und Wissenschaft vor dem Januariuswunder (Storia e Scienza di fronte al Miracolo di S. Gennaro)', das 1968 bei A. G. A. R. in Neapel erschienen ist und in der Literaturangabe 18 wissenschaftliche Abhandlungen und längere Aufsätze von verschiedenen Autoren anführt, die sich mit dem Januariuswunder befasst haben.»

Wir entnehmen diesem aufschlussreichen Werk die folgenden Angaben.

Was ist es, das man beim Januariuswunder eigentlich wahrnimmt? Professor Piancastelli stellt in Zusammenfassung aller angestellten Beobachtungen fest: «Wir gewahren vor unserem Auge innerhalb der Glasampulle eine feste Substanz, die in der Ampulle hermetisch verschlossen, seit Jahrhunderten bei der Verwirklichung des Wunders flüssig wird, Farbe, Volumen und Gewicht verändert, auch die Klebrigkeit; dies sowohl vor dem freien Blick des Beobachters, wie auch vor jedem Foto- und Filmapparat, im Winter wie im Frühling und Herbst, bei Wärme wie bei Kälte, in Anwesenheit von viel Volk wie vor wenigen Beobachtern, bei gleichbleibenden Festzeiten wie bei ausserordent-

lichen Feiern, immer acht Tage hindurch, wobei die Substanz bald ganz flüssig wird, bald nur halbflüssig, bald dichter oder dünner fliesst, bisweilen auch festgestockt bleibt, ohne überhaupt flüssig zu werden.»
Wann und wie bald wird das gestockte Klümpchen in der festverschlossenen Ampulle flüssig? Im September (19.) schwankt die Zeit zwischen 30 bis 60 Minuten, selten länger, am 19. September dieses Jahres zählte ich vom Beginn der Feier (Wortgottesdienst) bis zum Flüssigwerden 50 Minuten.
Haben Temperatur und Licht einen Einfluss auf das Flüssigwerden des Klümpchens? Die Temperatur keineswegs, denn die Flüssigwerdung geschah schon bei 5 und 6 Grad C, so besonders am 16. Dezember, wie bei 30 Grad C im Monat September. Bisweilen ist das Klümpchen ohne irgend einen Lichtschein schon flüssig geworden, bei niedriger Temperatur, ohne jeden mechanischen Einfluss.
Geht die Masse des Klümpchens beim Flüssigwerden auf oder bleibt ein dunkler Knoten fest? Das ist gleichfalls völlig unterschiedlich. Häufig ist die Auflösung eine vollständige, bisweilen nur eine teilweise. In diesem Fall bleibt jeweils ein kleines Restklümpchen fest. Auch die Veränderung des Volumens der Flüssigkeit ist sehr verschieden; oft nimmt die Flüssigkeit dreiviertel Teile der Ampulle ein, oft füllt sie die Ampulle ganz aus. Das Volumen vergrössert und verkleinert sich sichtbar, bald so, bald anders.
Ändert sich auch die Farbe? Für gewöhnlich behält das Klümpchen seine dunkle Farbe, häufig geht es über in Rot, bisweilen nimmt es sogar einen rotgelblichen Farbton an, dann wieder ist es ganz dunkel.
Ist das dunkle Klümpchen, das beim Flüssigwerden sich rot färbt, wirklich eine Blutsubstanz oder etwas anderes? Man hat schon mehrmals eine spektralanalytische Untersuchung vorgenommen, erstmals am 23. Dezember 1902, wobei Professor Marcello Malpighi als

erster Mediziner das Vorhandensein aller Elemente des Blutes feststellte und auch beim Prozess des Gerinnens das Fibrin wahrnahm. Die spektralanalytische Untersuchung war durch das Konvexglas der grösseren Ampulle vorgenommen worden. Die Kirche hätte bestimmt nichts gegen eine abermalige mit modernsten optischen Apparaten durchzuführende Spektralanalyse einzuwenden, doch könnte sie nicht zulassen, dass man die Ampulle öffnen würde. Man dachte nämlich schon daran, mit einem Diamantbohrer eine kleine Öse in die Glasampulle zu machen, um einen Tropfen des flüssigen Blutes herauszubekommen und ihn chemisch-medizinisch zu prüfen. Sicher wäre es interessant, die roten Blutkörperchen und das Hämoglobin zu prüfen, aber das Risiko eines solchen Eingriffs ins Innere der Ampulle wäre unausdenkbar und verhängnisvoll; denn wenn es gelänge, eine Öse in das Glas zu bohren und mit geschmolzenem Glas wieder zuzulöten, ohne die Ampulle dabei zu zerbrechen, so wäre doch der Eintritt von Luft und die Gefahr der Verunreinigung trotz aller Sterilisierungsmöglichkeiten kaum vermeidlich und könnte das Gleichgewicht der Substanz in dieser hermetisch abgeschlossenen Ampulle derart stören, dass ein Aufhören des bisher sooft stattfindenden Phänomens zu befürchten wäre. Mit Recht ist man besorgt, dass eine mögliche Verunreinigung und Infizierung des Blutinhaltes eine Fäulnis der geheimnisvollen, durch Jahrhunderte gleichgebliebenen Substanz hervorrufen könnte. «Der kostbare Blutinhalt ist durch die mystisch-geheimnisvollen Phänomene und durch die Andacht des Volkes zu geheiligt, als dass die Kirche die Unversehrtheit der Blutwundersubstanz aufs Spiel setzen könnte, nur um unsere wenngleich wissenschaftliche Neugierde zu befriedigen» (C. Piancastellli L'aspetto storico e scientifico del miracolo di S. G., Neapel 1965, S. 23).
Die Neapolitaner betrachten das Flüssigwerden des Ja-

nuariusblutes als ein besonderes Zeichen des Schutzes ihres verehrten Stadtpatrons und befürchten beim Ausbleiben der Flüssigwerdung ein Unglück. Das Blut blieb gestockt ohne aufzutauen im Mai und September 1527, im Mai 1528, im Mai 1835 und 1944! Im Jahre 1954 wurde erst nach 22 Wartestunden das Blut flüssig.

Auch die skeptisch ungläubige Welt hat sich für das Januariuswunder interessiert und es fehlt nicht an Versuchen, es durch künstliche Manipulationen nachzuahmen und illusorisch zu machen. Am 22. Dezember 1906 versuchte ein gewisser Guido Podrecca im Salon der «Casa del Popolo» in Rom vor geladenen und neugierigen Gästen eine, wie er sagte, «getreue Reproduktion des Januariuswunders». Man brachte einen Behälter mit einer Ampulle, die gestocktes Kalbsblut, vermischt mit homogenen Substanzen, enthielt, die der Chemiker Giaccio eigens dafür präpariert hatte. Der Behälter wurde horizontal auf ein Tischchen zwischen fünf Kerzen hineingestellt, von denen zwei in drei Zentimeter Abstand hinter dem Glas brannten. Es verging eine halbe Stunde, ohne dass das «Wunder» der Flüssigwerdung des gestockten Kalbsblutes zustande kam, so dass die gespannt zusehenden Zeugen ungeduldig wurden. Da, um das Wunder zu beschleunigen, hielt man den Behälter über eine Kerze und drehte ihn im Kreise solange über der brennenden Flamme herum, bis das Blut tatsächlich flüssig zu werden schien. Laut schrie Podrecca auf: «Das Blut fliesst und vermehrt sich wie in Neapel». Der Behälter verschwand, wahrscheinlich zerbrach er. Als man bat, das Experiment unter wissenschaftlicher Kontrolle zu wiederholen, ging man nicht mehr darauf ein, offenbar weil man fürchtete, das «Wunder» dem Fluch der Lächerlichkeit preiszugeben.

Zum Schlusse könnte man fragen, was das Januariuswunder, wenn es, wie wir wirklich glauben, ein Wunder ist, für einen Sinn hat, so lässt ich unschwer eine enge Beziehung vom Blut der Märtyrer zum Blut Christi herstellen. Das Erlöserblut Christi wird in der Eucharistie mystische Gegenwart, es fliesst in geheimnisvoller Weise für uns zum Zeugnis seiner Opferhingabe für uns. Das Blut der Märtyrer, die ihr Leben für Christus hingaben, ist echtestes und wirksamstes Zeugnis für Christus und Bekenntnis zur Christusnachfolge. Im Aufwallen des Blutes wird das Zeugnis des Blutzeugen beredte Gegenwart. Das Januariuswunder mit dem Blut erinnert an die Vision des Apokalyptikers Johannes beim Öffnen des fünften Siegels (Apok 6, 9—11). Die Seelen der um des Wortes Gottes willen Hingemordeten, die um des Zeugnisses willen, an dem sie festhielten, ihr Leben verwirkten, riefen mit lauter Stimme: «Wie lange noch, Herr, du Heiliger, du Wahrhaftiger, richtest du nicht und rächst nicht unser Blut an den Bewohnern der Erde?» Sie erhalten ein weisses Kleid und werden vertröstet auf die nur mehr kurze Zeit, bis ihre Mitknechte und Brüder, die noch den Tod zu erleiden hätten wie sie, vollzählig geworden seien.

So verflüssigten sich zeitweise die Blutreliquien von Heiligen: St. Johannes der Täufer, St. Pantaleon, St. Thomas von Aquin, St. Alfonsus (dessen Blutreliquie sich in der Kirche «Madonna della Mercede» zu Neapel befindet). Die kleine Phiole mit dem Blute des heiligen Aloysius von Gonzaga befindet sich in der Kirche «Gesú vecchio» in Neapel. Das Blut des heiligen Aloysius wurde von einem ihm in Neapel geschehenen Aderlass hier aufbewahrt. Unter Gebet wird das Blut in der Phiole flüssig und hellrot.

## AUCH DAS BLUT DER STIGMATISIERTEN FLIESST FÜR CHRISTUS

Anders geartet, aber nicht weniger eindrücklich, ist das Blutzeugnis der Stigmatisierten, jener Menschen, die wie der heilige Franz von Assis die Wundmale des Herrn trugen.

## FRANZ VON ASSISI

Zum Gedächtnis an die Stigmatisation des heiligen Franziskus wurde ein Fest mit einem eigenen Offizium angeordnet. An diesem Fest des heiligen Franz von Assisi (17. September) heisst es im Brevier: «Du hast, o Herr, Deinen Diener Franziskus mit den Zeichen unserer Erlösung gezeichnet.» Und die Kirche betet in der Oration der Messe: «O Herr Jesus, als die Welt anfing zu erkalten, da hast du, um unsere Herzen mit dem Feuer deiner Liebe zu erwärmen, am Leibe des heiligen Franziskus die Wundmale deines Leidens erneuert.»

Der heilige Franziskus von Assisi ist der Troubadour der göttlichen Liebe. Bei seinem Hinscheiden am 3. Oktober 1226 stimmte er noch seinen herrlichen Sonnengesang an. Als der heilige Franz auf dem Berge Alverno allem entsagte und sich in seraphischer Liebe völlig Gott hingab, versank die ganze nichtige Welt unter ihm und er empfing die heiligen Wundmale Christi. Der heilige Franz war die «gekreuzigte Liebe» und konnte sagen: «In Glut mich Liebe senkte». Dazu führt Guardini aus: «Es ist der tiefste Sinn des Lebens, sich in Wahrheit und Liebe für Gott zu verzehren, wie die Kerze in Licht und Glut.»

«Durch die Stigmatisierten wird der Damm der Zeiten durchbrochen, das blutige Leiden Christi flutet in gewaltigem Strombett in die Gegenwart hinein, als ge-

schähe es zum ersten Male. — Hier erscheint die Kirche Christi in der Aureole der Charismen der ersten Christenheit, um der Welt zu zeigen, dass die erste wunderbare Kraft der Kirche nie versiegt» (Erzbischof Theodorowitz von Lemberg). — Görres schreibt in der «Christlichen Mystik» Band II, S. 453: «Die Stigmatisierten sind eben die, welche nach der Schrift dem Lamme folgen auf allen seinen Wegen; denn sie sind mit ihm in Blutsverwandtschaft getreten. Den Pulsschlag seines Herzens kann man in all ihren Adern spüren. Das Kreuzesopfer, das man auf unblutige Weise auf dem Altar feiert, setzt sich in ihnen auf blutige Weise fort zum immerwährenden Andenken jenes grossen Aktes. Der Gekreuzigte auf diese Weise immer zugegen — überdauert in ihnen alle Zeiten.»
Die mystisch orientierte Aszese ist in den Worten dargelegt: Die Grundtatsache des geistlichen Lebens hin zur Vollkommenheit ist die Gegenwart Gottes in uns, so dass wir immer mehr durch ihn, mit ihm und in ihm (per ipsum et cum ipso et in ipso, Kanon der heiligen Messe) als Glieder seines mystischen Leibes geheimnisvoll verbunden sind — als Reben am Weinstock, durchströmt von Gottes Blut.
Am mystischen Leib der Kirche ist Christus das Haupt (der Weinstock) und die Gläubigen (die Reben) sind die Glieder, die unerschrocken ihren Glauben bis zum Martyrium bekennen; so tauchte Petrus von Verona sterbend den Finger in sein Blut und schrieb auf die Erde: «Credo». «Das ist der Sieg, der die Welt überwindet, unser Glaube», sagt der Apostel Johannes.
Am 18. August 1944 erlitt der Priester, Dr. Josef Wehrle, von der Münchner Pfarrei Heilig-Blut den Martyrer-Tod, weil er wie der heilige Johann Nepomuk das Beichtgeheimnis bewahrte. Zum immerwährenden Gedenken an den aufrechten bayrischen Priester-Martyrer wurde 1955 eine Strasse in München nach ihm benannt. Die ganze Christenheit verneigt

Blick auf den Heilig-Blut-Altar in der prachtvollen, monumentalen Heilig-Blut-Basilika Weingarten. Direkt vor diesem Altar erhebt sich die gewaltige Kuppel; im Hintergrund Chor und Hochaltar.
Photo: Dr. Hugo Schnell in seinem grossen Kunstführer «Weingarten».

Benediktiner-Abtei Ettal, 1330 von Kaiser Ludwig dem Bayern gegründet.
Photo: Verlag Dr. Greiff, Kaltenbrunn bei Garmisch.

sich in Ehrfurcht vor diesem Blutopfer. — In der Stadtpfarrkirche Heilig-Blut in München-Bogenhausen ist die astronomisch genaue Ostung durchgeführt. Nachdem der Heiland sein Blut für die Erlösung der sündigen Menschheit geopfert, richten sich sinnvoll Priester und Gläubige beim heiligen Messopfer voll Ehrfurcht und Liebe nach Osten, von dannen der auferstandene Christkönig in Herrlichkeit wiederkommen wird.
Der Heilige, der bereits völlig mit Gott vereint, in Christi Blut geadelt ist, hat die Krone des ewigen Lebens erhalten und kann mit dem Apostel sprechen: «Nicht ich lebe, sondern Christus lebt in mir.» Er ist ein wahres Glied am mystischen Leib der heiligen Kirche, am «Weinstock des Herrn». Dieser Blutstrom Christi strömt durch die Jahrhunderte weiter bei den Stigmatisierten, von Sankt Franziskus von Assisi bis in unsere Zeit. (Vergleiche das Werk Johannes Maria Höcht, «Von Franziskus zu Pater Pio und Therese Neumann», neu herausgegeben und ergänzt von Arnold Guillet, dritte Auflage, Christiana-Verlag, Stein am Rhein.)

## SCHARBEL MACHLUF, THERESIA VON KONNERSREUTH, PATER PIO

Beim seligen Wundermönch in Libanon, Scharbel Machluf († 24. 12. 1898) zeigt sich bis heute Blutschwitzen. Die priesterlichen Gewänder sind von rotem Blut getränkt. Der libanesische Maroniten-Mönch Scharbel Machluf wurde von Papst Paul VI. am 5. Dezember 1965 in Rom selig gesprochen. — Die Liturgie der Maroniten wird auf Aramäisch — die Sprache Christi — gefeiert.
In Deutschland wurde Theresia von Konnersreuth mit den Wundmalen begnadigt, die an den Freitagen gewaltig bluteten. Sieben Jahre nach ihrem Tode verbrei-

ten die über und über mit Blut durchtränkten Kleider überraschenderweise keinen Zersetzungs- und Verwesungsgeruch.
Am 20. September 1918 wurde auch Pater Pio vor einem Kruzifix in Giovanni Rotondo mit den Stigmen gezeichnet. Nach der heiligen Messe war Pater Pio allein im Chor, um das Dankgebet zu verrichten; er erhob die Augen zum Kreuz, sah von dort fünf feurige Strahlen auf sich zukommen, die seine Hände, Füsse und sein Herz durchbohrten — ein zweiter Franz von Assisi. — In diesem Augenblick stiess Pater Pio einen Schmerzensschrei aus und wurde ohnmächtig. An den Händen sind die Wundmale 2 cm gross, so dass man mit dem Finger durchgreifen kann. Die Herzwunde ist 7 cm lang und 5 cm breit.
«In die Fussstapfen des heiligen Franz von Assisi gehend, folgen viele Seelen in so brennender Liebe dem Gekreuzigten, dass sie ihm auch äusserlich durch die Wundmale ähnlich werden; es sind die Stigmatisierten. Die meisten Menschen haben durch Krankheit, Unglück, Missgeschick, Vorbestimmung grosses Leid zu erdulden. Sie sahen zum Kreuz in Liebe und Hingabe empor — bis plötzlich vom Kreuz Christus ihnen zur Umarmung seine durchstochene Hand herabsenkte. An den Dornen ihres Leidens blühten ihnen mystische Rosen auf — durch grenzenloses Mitleid mit dem Herrn fanden sie den geraden und kürzesten Weg zu seiner Gottheit breit aufgetan» (Dr. R. W. Hynek).

## PATER PIO ALS LEHRER

Denkt an Jesus Christus, den Gekreuzigten, küsst im Geiste die Wunde seiner geöffneten Seite und sprecht dabei: Du bist meine Hoffnung, Du die lebendige Quelle meines Glückes. Ich klammere mich an Dich, mein Jesus, und werde Dich nicht lassen, bis ich mich

am sicheren Orte weiss. Eines allein ist notwendig: den Geist aufrichten und Gott lieben.
Man muss zu vertrauen verstehen: Es gibt die Furcht Gottes und die Furcht des Judas. — Zu grosse Angst lässt uns ohne Liebe handeln und zu grosses Vertrauen lässt uns die Gefahren nicht sehen, die wir überwinden müssen.
Die eine muss der anderen die Hand reichen, und sie müssen gemeinsam wie Schwestern vorwärtsschreiten.
So muss man es immer machen: bemerken wir, dass wir Angst haben oder uns zu sehr fürchten, so müssen wir zum Vertrauen greifen; vertrauen wir aber zu sehr, so sollten wir ein wenig Furcht haben, denn die Liebe erstreckt sich auf den geliebten Gegenstand, doch im Vorgehen ist sie blind; hier muss heilige Furcht sie erleuchten.
Bete sieben Ehre sei dem Vater zu Ehren der sieben Blutvergiessungen: Jesus vergoss Blut bei der Beschneidung, im Ölgarten, bei der Geisselung, Dornenkrönung, auf dem Kreuzweg, bei der Kreuzigung und beim Lanzenstich.

## DER APOSTEL DES KOSTBAREN BLUTES

Pater Johann Baptist Reus SJ (geboren 1868 in Bayern, gestorben 1947 in Brasilien) im Rufe der Heiligkeit, musste 35 Jahre (1912—1947) in tausendfachen Visionen und Ekstasen für uns die Hand in die blutende Seitenwunde des Herrn legen, d. h. er musste am Altar beim heiligen Messopfer das Wunder der Menschwerdung Christi, das Ausströmen des Blutsegens Christi über Menschheit und Kosmos schauen und erleben. In sein Tagebuch schrieb P. Reus SJ: «Bei Beginn der heiligen Wandlung merkte ich plötzlich, dass der liebe Heiland vom Kreuz unmittelbar vor mir war. — Sobald ich die erten Worte sprach: Hic est ..., fielen

Tropfen des heiligen Blutes aus der heiligen Seitenwunde in meinen Kelch. Als ich fortfuhr: «Calix sanguinis mei», floss das heilige Blut strömend hernieder in den Kelch hinein. Heilige tröstliche Wahrheit! Das Blut Jesu Christi, des Sohnes Gottes, fliesst wirklich, wenn auch unter einem Schleier verborgen, unter meiner Hand auf dem Altar.
Welche Gnade, dass er für mich den geheimnisvollen Schleier weggezogen und die Wirklichkeit mir zu zeigen sich gewürdigt hat!
Ich musste eine Zeichnung machen und dies schreiben (17. Januar 1940).»
Am 28. Februar 1941 erlebte Pater Reus bei seiner heiligen Kommunion, wie vom Altar aus Feuerflammen nach rückwärts schlugen und die dort stehenden Teufel in die Flucht trieben. Er gab dazu die Erklärung: «Das heilige Blut bewahrt den Priester vor den Nachstellungen des Teufels.»
Pater Reus schrieb am 4. Juli 1945: «Oft bei Tag und bei Nacht sehe ich viele tausend Seelen in die Hölle fallen — ich höre die Verzweiflungsschreie der Verdammten.» Am 4. August 1939 sah der Pater beim Memento für die Verstorbenen «wie aus der heiligen Seitenwunde Jesu Sein heiliges Blut in das Fegfeuer herabfloss, um die Flammen zu löschen».
Über 100 000 Menschen bezeugten, dass sie auf die Fürsprache des Paters Reus wunderbar erhört worden sind. — Die Heilige Schrift berichtet (Pred. 1, 7): «Panta rei — alles fliesst», die Wasser verdichten sich in Wolken und weinen sich zurück ins Meer; und so steigen beim heiligen Messopfer aus der Seite Christi Blut und Wasser zum himmlischen Vater empor und ergiessen sich wiederum auf die Erde und ins Fegfeuer als Gnadentau.

## KRAFTQUELLE FÜR DIE HEILIGEN

Auch die Heiligen, die nicht stigmatisiert waren, schöpften immer wieder Kraft aus dem kostbaren Blut Jesu. Schwester Gertrud Leupi, die in der Schweiz und in Amerika drei Klöster gründete, berichtet in ihrem Tagebuch folgendes Erlebnis:

«Der liebe Gott schickte jedoch auch wieder einigen Sonnenschein, wenn das Gewitter vorüber war. O wie gross sind Gottes Erbarmungen und wie väterlich seine Liebe gegen eine Seele, die ihn aufrichtig sucht. Wie oft erfuhr ich es, nachdem ich strauchelte und mich zu ihm flüchtete. Ich will ein Beispiel dafür anführen. Als ich einmal heftig gegen den Glauben versucht war, kam es mir vor, das heilige Bussakrament nütze nicht nur nichts mehr für mich, sondern es vermehre noch meine Höllenstrafen. Ich überwand aus Liebe zu Gott den inneren Widerspruch. Ich dachte, und wenn ich noch tiefer in die Hölle komme, so will ich doch der Ordnung gemäss meine Pflicht tun. Und Dank der Güte Gottes! Die teuflischen Anfechtungen verschwanden, und ich fühlte einen unendlichen Trost und erfuhr wieder einmal Gottes masslose Liebe in meinem Herzen.

Zur Ehre des kostbaren Blutes Jesu will ich hier noch folgendes anführen: Als ich einmal mit ähnlichen Versuchungen, wie oben berichtet, zu kämpfen hatte, so ging ich trotz aller widerstrebender Gefühle zur heiligen Beicht, und was begegnete mir: Wie ich mein Beichtbekenntnis anfangen wollte, konnte ich meine Zunge nicht bewegen, sie war so dick und steif, dass ich kein Wort hervorbringen konnte. Der fromme Beichtvater, P. Maurus Hunkeler, gab mir den Segen und sogleich löste sich meine Zunge und mit tiefem Reueschmerz und unter vielen Tränen konnte ich meine Beicht vollenden. Während der Zeit, da der Beichtvater die Lossprechung über mich aussprach, sah ich, wie jemand etwas erhöht über mir einen Kelch in einer Hand hielt und das kostbare Blut Jesu Christi über meine Seele ergoss und sie rein machte wie frisch gefallener Schnee. Welchen Trost dieser Vorfall meiner Seele brachte, kann ich nie in Worten ausdrücken. Aber von dieser Zeit an kehrten solche Versuchungen gegen das Bussakrament nie mehr zurück und es blieb von dieser Zeit an eine viel grössere Ehrfurcht gegen den Priester und gegen das hochheilige Sakrament in meiner Seele, als ich sie ehedem empfand.» Aus dem Buch P. Moritz Jäger OSB: Gertrud Leupi (1825 bis 1904).

# *Päpste fördern die Verehrung des Kostbaren Blutes*

Die Päpste, allen voran Johannes XXIII., haben immer wieder mit allem Nachdruck die Verehrung des Kostbaren Blutes gefördert. Johannes XXIII. hatte klar erkannt, dass nicht endlose Diskussionen, sondern nur das gläubige Gebet die Christenheit aus dem heutigen Chaos befreien kann. Johannes XXIII. hatte eine Enzyklika und eine Litanei über das Kostbare Blut veröffentlicht, zwei Dokumente, die so wertvoll sind, dass wir sie anschliessend im vollen Wortlaut publizieren. Zu den grossen Förderern gehörte auch Pius IX., der mit Caspare del Bufalo, dem Gründer der Missionare vom Kostbaren Blut, persönlich befreundet war und mit ihm eng zusammen arbeitete. Hochdramatisch ist die Geschichte, wie es zur Einsetzung des Festes vom Kostbaren Blut kam:

Als 1848 in Rom der von geheimen Gesellschaften aufgehetzte Pöbel Krieg gegen Österreich verlangte, weigerte sich Pius IX.

Der beim Heiligen Stuhl akkreditierte bayerische Gesandte, Graf Karl Spaur, flüchtete den Papst in der Nacht vom 24./25. November in seinem Wagen nach Gaeta. An der Porta S. Giovanni in Rom riefen die Posten: «Wer da?» — «Der bayerische Gesandte». Durchfahrt frei! Der Papst war aus Rom heraus. Gräfin zu Spaur wartete bei Albano mit ihrem eigenen sechsspännigen Wagen zur raschen Weiterfahrt nach der starken Festung Gaeta.

Die glückliche Flucht des Heiligen Vaters durch die tapfere Hilfe des bayerischen Gesandten beim Heiligen Stuhl versetzte ganz Europa in Enthusiasmus. — Der Wagen, in dem der bayerische Gesandte den Papst in Sicherheit brachte, wird heute im Bayerischen Na-

tionalmuseum zu München als kostbare Reliquie bestaunt.
In dieser Zeit, als Pius IX. in Gaeta weilte, ging Pater Johannes Merlini, Missionar vom Kostbaren Blut, zum Heiligen Vater und machte den Vorschlag: «Wenn Eure Heiligkeit wünschen, wieder nach Rom zurückzukehren, dann muss Sie Sich durch ein Gelübde verpflichten, das Fest des Kostbaren Blutes einzusetzen.» Der Papst stimmte zu und es geschah etwas Wunderbares. Genau an dem Tage, als er seinen Entschluss verkündete, drangen die Franzosen, die zur Verteidigung des Heiligen Stuhles gekommen waren, in Rom ein. Die Aufwiegler ergaben sich; es war der 30. Juni 1849, der Vorabend des Festes des Kostbaren Blutes. Und das geschah zu einer Zeit, als zu befürchten war, dass die Heilige Stadt in die Hände der Freimaurer und Feinde der Kirche fallen und die katholische Religion aus Rom und Italien verbannt würde.
Pius IX. dankte Gott für diese auffällige Erhörung und unterschrieb noch in Gaeta am 10. August 1849 den Erlass, wonach das Fest zu Ehren des Kostbarsten Blutes in der ganzen katholischen Welt am 1. Juli gefeiert werden soll. Der Papst schrieb im Dekret zur Einsetzung des Festes vom Kostbaren Blute: «So wie Gott jene Häuser in Ägypten, die mit dem Blute des Lammes bestrichen waren, vor Gottes Zorn bewahrte, so werden noch mehr jene dem göttlichen Zorn entgehen, die mit besonderer Andacht das Blut des Erlösers verehren.»
Pius IX. hatte sich das Losungswort gewählt: «Lege auf dein Herz einen Tropfen des Kostbaren Blutes und fürchte nichts!»
Der heilige Hieronymus erklärt: «Das Blut ist der Purpur, der die Seelen der Heiligen durchtränkt, nicht nur als Farbe hell erstrahlend, sondern auch als Macht» (Ambros. Ps. 118, 17, 20).
Sinnvoll verkündete am 2. Juli 1960 der «Osservatore

Romano» der Welt die Enzyklika vom «Kostbaren Blut» — in Erinnerung an die Worte der Heiligen Schrift: «Und Maria ging eilends über das Gebirge», um das Magnifikat anzustimmen über den Messias, der mit Seinem Blute die Welt erlöst.

Papst Benedikt XV. richtete im Jahre 1915 an den Generaloberen der Missionäre vom Kostbaren Blut die Mahnung: «Ermüdet nicht, die Andacht zum Kostbaren Blut auszubreiten, wodurch ihr den Seelen und der menschlichen Gesellschaft die grössten Dienste erweist.» Papst Pius XI. erhob im Jubiläumsjahr «des Leidens und Sterbens Jesu» 1933 das Fest des Kostbaren Blutes Jesu Christi zum Feste ersten Ranges für die ganze Welt. — Auch der grosse heiligmässige Papst Pius XII. wies immer wieder auf das Kostbare Blut des Herrn: «Lasst uns nicht ermüden, das Kostbare Blut mit liebendem Herzen zu betrachten.»

«Es gibt keine Andacht, keine einzige, die so sehr im tiefinnersten Wesen unserer heiligen Religion beruht, die man so mit Recht als alleinseligmachend bezeichnen darf wie die Verehrung des Kostbarsten Blutes» (Prälat Robert Mäder).

Papst Pius VII. errichtete durch ein Breve am 26. September 1815 die Erzbruderschaft vom Kostbaren Blute zur Sühne für die eigenen Sünden, für die Anliegen der heiligen Kirche, zur Bekehrung der Sünder und zum Troste der Armen Seelen im Fegfeuer.

Am 30. September 1852 verlieh der Heilige Vater allen Mitgliedern der Erzbruderschaft ein grosses Privilegium: Die eingeschriebenen Mitglieder haben besonderen Anteil an allen guten Werken und Bussübungen aller Orden.

Der im Jahre 1904 selig gesprochene römische Priester Caspare del Bufalo ist der Gründer der Missionäre vom Kostbaren Blut Jesu Christi; er ist der «Apostel des Kostbaren Blutes». Der Messbund vom Kostbaren Blut bietet allen Mitgliedern im Leben und im Tod An-

teil an 4000 heiligen Messen, die alljährlich gelesen werden. Der Beitritt erfolgt, wenn ein Beitrag in Höhe eines Messstipendiums an ein Kloster der Missionäre vom Kostbaren Blut eingesandt wird. Aufgenommen können werden Lebende und Verstorbene.
Missionäre vom Kostbaren Blut in:
Schellenberg (Fürstentum Liechtenstein); Baumgartl, Lindenberg-Missionshaus, Pankofen (Bayern); Jakobsbad, Gonten-Appenzell, «Konvent der Ewigen Anbetung des Kostbaren Blutes» (Schweiz); Salzburg - Kolleg St. Josef; Kufstein - Exerzitienhaus; Feldkirch - Xaveriushaus (Österreich); Mariannhiller Missionsschwestern vom Kostbaren Blut (Südafrika).

## DIE HEILIG-BLUT-ENZYKLIKA JOHANNES' XXIII.

Papst Johannes XXIII. richtete am 30. Juni 1960 unter dem Titel «Die Verehrung des Kostbaren Blutes Jesu Christi» das folgende Apostolische Schreiben an die katholische Welt:

*Ehrwürdige Brüder,*
*Gruss und Apostolischen Segen!*

Seit den ersten Tagen Unseres päpstlichen Amtes geschah es immer und immer wieder — und Unser Wort ging in all seiner Besorgtheit und Einfachheit oftmals schon wie eine Andeutung künftiger Vorhaben, als ahnungsvolle Kundgebung des Kommenden, Unseren eigenen Empfindungen voran —, dass Wir die Gläubigen bei Behandlung der täglichen religiösen Andachtsübungen dazu einluden, mit brennendem Eifer gerade das zu verehren, was die göttliche Barmherzigkeit so wunderbar erweist für alle Menschenseelen, die heilige Kirche und die ganze Welt, deren Erlöser und Heiland Jesus Christus ist — Wir meinen die beson-

ders andächtige Verehrung seines Kostbaren Blutes. Diese Frömmigkeitsübung wurde uns schon zur lieben Gewohnheit im häuslichen Kreis, in dem Unsere Kindheit erblühte. Auch jetzt erinnern Wir uns mit milder Ergriffenheit im Herzen noch an das Gebet der Litanei vom Kostbaren Blut, die Unsere Vorfahren im Monat Juli täglich daheim zu verrichten pflegten.
Getreu der apostolischen Mahnung: «Habt acht auf euch und auf die ganze Herde, über die der Heilige Geist euch zu Bischöfen bestellt hat, die Kirche Gottes zu weiden, die er sich erworben hat mit seinem Blute» (Apg. 20, 28), sehen Wir es als ganz besondere Pflicht und Sorge Unseres obersten Hirtenamtes an, zuerst über die Reinheit der gesunden Lehre zu wachen und dann sogleich vor allem auch um die Übung und Förderung der rechten öffentlichen und privaten christlichen Frömmigkeit besorgt zu sein.

*Ein unlösbares Band*

Deshalb halten Wir es für wahrhaft angebracht, Unsere Kinder zu ermahnen, dass sie das Denken ihres Geistes auf die Betrachtung des unlösbaren Bandes richten, das mit jenen beiden anderen im christlichen Volk so weitverbreiteten Andachtskulten zum heiligsten Namen und heiligsten Herzen Jesu zugleich auch die schuldige Verehrung zum Kostbaren Blute des fleischgewordenen Wortes verbinden muss — des Blutes, das «für die vielen» vergossen wurde «zur Nachlassung der Sünden» (vgl. Mt. 26, 28).
Wenn es nämlich im höchsten Mass geboten ist, dass das liturgische Tun der Kirche mit dem Bekenntnis des katholischen Glaubens stets völlig übereinstimmt, weil «das Gesetz des Glaubens das Gesetz des Betens zu bestimmen hat» (vgl. Enzyklika Mediator Dei, AAS 39, 54, Pius XII. 1947), und wenn also darum auch keine Frömmigkeitsformen eingeführt werden dürfen, die nicht aus den unermesslichen Quellen des

wahren Glaubens erströmen, ist es aus dem gleichen Grund ebenso angemessen und richtig, dass die verschiedenen Arten der Frömmigkeitsübungen unter sich in Übereinstimmung und gegensatzloser Verbindung stehen: Es ist somit also notwendig, dass jene Frömmigkeitsformen, die durchaus als die vorzüglichsten geschätzt auch dem Heiligkeitsstreben am dienlichsten sind, untereinander in keinerlei Widerspruch stehen und einander nicht verdrängen, wie ebenso dann auch die Sonderandachten geringerer Bedeutung, was ihre Schätzung und Übung angeht, hinter denen zurücktreten müssen, die weitaus mehr zur Vermittlung jenes universalen Heiles beitragen, das von dem gewirkt ist, der «der eine Mittler zwischen Gott und den Menschen ist, der Mensch Christus Jesus, der sich zum Lösegeld für alle dahingegeben hat» (1 Tim. 2, 5—6). Wenn daher die Gläubigen so vom rechten Glauben und von der gesunden Frömmigkeit her ihre Seelenanregungen und Lebenszucht empfangen, können sie ganz sicher sein, «mit der Kirche zu denken und zu empfinden» und in der Gemeinschaft des Gebetes wie der Liebe Christus Jesus verbunden zu sein: Christus Jesus, dem Stifter und höchsten Priester der erhabensten Religion, die von ihm Namen, Würde und Kraft hat.

*Schon seit dem Mittelalter*

Wenn Wir aber voll Bewunderung jenes Wachstum auch nur im raschen Überblick geistig umfassen, das die katholische Kirche im Bereich und in den Grenzen der liturgischen Frömmigkeit erfahren hat — und wie es vollkommen übereinstimmt mit dem heilsamen Fortschreiten des Glaubens selbst, was die immer vollkommenere Erkenntnis der göttlichen Wahrheiten angeht —, sieht man wahrhaftig nicht ohne grosse Tröstung des Geistes, dass dieser Apostolische Stuhl in den jüngst vergangenen Jahrhunderten sehr oft, und zwar betont ausdrücklich, schon jene drei Andachtsformen, von denen Wir sprachen, bewilligt und empfohlen hat. Sind sie auch schon seit dem Mittelalter von zahlreichen frommen Gläubigen in die christliche Lebensübung eingeführt und dann in den verschiedenen Diözesen wie auch den religiösen Orden und Kongregationen weiter gefördert worden, musste dennoch die Autorität des Stuhles Petri in ihrer Zuständigkeit erst entscheiden, dass diese Andachtskulte als dem Glauben gemäss erklärt und auf die ganze Kirche ausgedehnt werden konnten.

*Reiche geistliche Privilegien*

Es genügt, daran zu erinnern, dass Unsere Vorgänger schon vom 16. Jahrhundert an den Kult des heiligsten Namens Jesu mit reichen geistlichen Privilegien bedacht haben, nachdem ihn schon im Jahrhundert vorher der heilige Bernardin von Siena mit unermüdlichem Eifer durch Italien verbreitet hatte: Zu Ehren des heiligsten Namens war zuerst das heilige Offizium und die Messe, dann auch die Litanei (AAS 18, 509, 1886) approbiert worden.
Mit nicht geringeren Privilegien beschenkten die römischen Päpste den Andachtskult zum heiligsten Herzen Jesu, zu dessen voller und vollkommener Ausbildung wie seiner Verbreitung über den ganzen Erdkreis hin (vgl. Off. Festi SS. Cordis Jesu, II Noct, lect V) so sehr schon die Offenbarungen beitrugen, die Christus der Herr der heiligen Margareta Maria Alacoque, indem er ihr sein heiligstes Herz dabei zeigte, gegeben hat: Die römischen Päpste haben unter wundersamer Zustimmung der Seelen diese Andacht mit so einzigartiger Auszeichnung im Eifer ihrer Pflege gefördert, dass sie nicht nur ihre Kraft und Natur anschaulich darlegten, sondern sie haben sie ausdrücklich auch als rechtmässig erklärt und ihre Übung gefördert durch viele öffentliche Dokumente des kirchlichen Lehramtes, dessen Zeugnis gleichsam die letzte Krönung er-

fuhr durch die Herausgabe der jüngsten drei grossartigen Weltrundschreiben «Annum Sacrum» Papst Leos XIII. (Acta Leonis 1889, Bd. 19, 71 ff.), «Miserentissimus Redemptor» Papst Pius' XI. (AAS 1928, Bd. 20, 165 ff.) und «Haurietis aquas» Pius' XII. (AAS 1956, 309 ff.). Auch dem Andachtskult des Kostbaren Blutes Jesu aber, dessen bewundernswerter Förderer im letzten Jahrhundert ein Priester aus dem Klerus Roms, der heilige Gaspar Del Bufalo, war, hat, wie es recht und billig ist, die Zustimmung und Anerkennung dieses Apostolischen Stuhles nicht gefehlt: Vor allem ist hier zuerst daran zu erinnern, dass auf Befehl Papst Benedikts XIV. Messe und heiliges Offizium zu Ehren des anbetungswürdigen Blutes des göttlichen Erlösers zusammengestellt wurden; wie ferner Papst Pius IX. zur Erfüllung eines in Gaeta Gott gemachten Gelübdes die Ausdehnung des liturgischen Festes vom Kostbaren Blut auf die ganze Kirche verfügte (Decr. Redempti summus, 10. August 1849; vgl. Archiv der Ritenkongregation Decr. 1848—49, fol. 209); endlich hat Papst Pius XI. dann zum immerwährenden Gedächtnis der Feiern anlässlich des neunzehnten Zentenars der Erlösung des Menschengeschlechts dieses liturgische Fest zum Rang duplex 1. Klasse erheben wollen — in der Absicht, dass durch die erhöhte liturgische Feierlichkeit auch die Andacht zum Blute des Erlösers nachdrücklich gefördert würde und daraus dann auch die Früchte dieses göttlichen Blutes noch reichlicher auf die Menschen niederströmten.

Den Spuren Unserer Vorgänger treulich folgend in dieser Absicht, die Andacht zum Kostbaren Blut des makellosen Lammes Christi mehr und mehr noch zur Geltung und Blüte zu bringen, haben Wir jüngst schon eine entsprechende Litanei vom Kostbaren Blut, wie sie von dem zum Schutz der rechtmässigen Riten bestellten Heiligen Rat (der Ritenkongregation) zusammengestellt wurde (AAS 1960, Bd. 52, 412—13) approbiert und ihre — sowohl private wie öffentliche — Verrichtung durch besondere Ablassverleihungen der ganzen Familie der Christenheit warm empfohlen (Decr. S. Poen. Ap, 3. März 1960; vgl. AAS 1960, Bd. 52, 420). Dieser Unser zur «Sorge für alle Kirchen» (vgl. 2 Kor. 11, 28), wie sie dem obersten Hirtenamt zusteht, gehöriger Beschluss möge in seiner Verwirklichung die erwünschte Absicht erreichen — dass nämlich in diesen von schwersten geistlichen Nöten und Bedürfnissen bedrückten Zeiten alle Gläubigen immer mehr gerade jene drei christlichen Andachtsformen, die Wir oben mit so verdientem Lob ausgezeichnet haben, hoch in Ehren halten als immer und überall zur wirksamen christlichen Lebensförderung ganz besonders heilsmässige Frömmigkeitsübungen.

*Heilsame Empfehlungen*

Die Christgläubigen mögen sich fortan mit noch innigerem Eifer der Betrachtung gerade dieses Geheimnisses widmen und heilsam Christi Kostbares Blut im häufigeren Empfang des eucharistischen Sakramentes geniessen. Überströmt vom Lichte, das von den fruchtbaren Mahnungen der Heiligen Schrift wie der heiligen Kirchenväter und Kirchenlehrer sowie ihren Weisungen ausgeht, mögen sie bei sich bedenken, welch überreiche unendliche Macht und Kraft es besitzt, dies wahrhaft Kostbarste Blut, von dem «ein einziger Tropfen schafft die ganze Erde neu, wäscht alle Sünden rein, macht alle schuldenfrei» — wie die Kirche mit dem Munde des engelgleichen Lehrers singt (Thomas von Aquin, Adoro Te, devote) und es von Unserem Vorgänger Klemens VI. weise bestätigt und ausdrücklich bekräftigt worden ist (Bulle Unigenitus Dei Filius, 24. Januar 1343, Denz. R. 550).

Und da sie nun so wahrhaft unendlich und unermesslich ist, diese Kraft des Blutes Christi, des Gottmenschen, wie ebenso unendlich jene Kirche, die unseren Heiland zu seiner Vergiessung bewegte — schon vom achten Tag nach seiner Geburt an, an dem er beschnitten wurde; und wieviel reichlicher erst dann, als er im Garten Gethsemane «von Todesangst befallen noch inständiger betete» (Lk. 22, 43); da er von Geisseln verwundet und mit Dornen gekrönt wurde, auf den Kalvarienberg hinaufstieg und dort ans Kreuz geschlagen wurde; endlich da seine Seite mit der grössten Wunde ganz geöffnet worden ist, auf dass wir das Zeichen jenes göttlichen Blutes erhalten, wie es auch in alle Sakramente der Kirche überströmt —, fordert all das zwingend, dass es nicht nur als ziemlich, sondern als wahrhaftig höchst notwendig für alle Gläubigen, die im Bad dieses Blutes wiedergeboren sind, betrachtet werde, dieses Blut auch mit heiligster Ehrfurcht und Verehrung anzubeten und ihm die dankbarste Herzensliebe und -huldigung zu schenken. Und wahrhaft heilsam sowie höchst entsprechend ist es, dass dem Kult der Anbetung, die dem Kelch des Blutes des Neuen und Alten Testamentes geschuldet wird, dann vor allem, wenn es im eucharistischen Opfer zum Anblick und zur Anbetung erhoben wird, auch der Empfang dieses heiligen Blutes folge, weil im eucharistischen Sakrament Christi Blut mit unlösbarem Lebensband seinem Leibe verbunden genossen wird. Dann können die anwesenden Gläubigen, die, dem geistlichen Spender eng vereint, am Opfer teilnehmen, wahrhaftig jene Worte im Geiste wiederholen, die vom Priester, wenn die Zeit der Kommunion gekommen ist, gesprochen werden: «Den Kelch des Heiles will ich ergreifen und den Namen des Herrn anrufen. Das Blut unseres Herrn

Jesus Christus bewahre meine Seele zum ewigen Leben. Amen.» Auf diese Weise geschieht es ohne Zweifel, dass die Gläubigen, sooft sie würdig zum heiligen Mahle hintreten, noch reichere Früchte der Erlösung, der Auferstehung und des ewigen Lebens erfahren, die das von Christus «im Heiligen Geiste» (Hebr. 9, 14) dargebrachte Blut der ganzen Menschheitsfamilie erwarb. Vom Leib und Blute Jesu Christi genährt und seiner göttlichen Kraft, die in der Kirche ungezählte Heerscharen von Martyrern erweckte, teilhaftig geworden, werden die gleichen Gläubigen ihre täglichen Mühen und Beschwerden dann leichter ertragen und, wenn es sein muss, selbst auch bereit sein, ihr Leben zu wagen — sooft nämlich die Sache christlicher Tugend und des Gottesreiches das erfordert —, vom gleichen Feuer der Liebe entbrannt, das schon den heiligen Johannes Chrysostomus in jene Worte ausbrechen liess, die er niederschrieb: «Von jenem Tisch gehen wir zurück wie feuersprühende Löwen, dem Teufel ein Schrecken geworden, wenn wir bedenken, dass der Herr unser Haupt ist und welch grosse Liebe er uns erwiesen hat. Dieses würdig empfangene Blut verjagt die Dämonen weit, ruft die Engel an unsere Seite, ja schon den Herrn der Engel selbst. Dieses ausgegossene Blut wäscht die ganze Erde rein. Das ist der Kaufpreis des Erdkreises; damit hat sich Christus die Kirche erworben. Dieses Denken ordnet unsere Gefühle und dämpft unsere Leidenschaften. Wie lange werden wir nicht aufgeweckt? Wie lange werden wir keine Sorge tragen für unser Heil? Bedenken wir, welch grosser Dinge uns Gott gewürdigt hat. Sagen wir Dank. Bringen wir Verherrlichung nicht nur durch den Glauben, sondern auch durch die Werke.»

*Leuchtendes Beispiel*

Möchten doch alle, die der Christenname ziert, sich recht oft im Geiste der väterlichen Mahnung des ersten Papstes zuwenden, der schrieb: «So wandelt in Furcht, solange ihr hienieden als Fremdlinge weilt. Ihr wisst ja, dass ihr nicht mit vergänglichen Werten, mit Gold und Silber, losgekauft seid, sondern durch das Kostbare Blut Christi als des Lammes ohne Fehl und Makel» (1 Petr. 1, 17—19). Möchten sie doch noch viel aufmerksamer das Ohr dem Völkerapostel leihen, wo er spricht: «Ihr seid um einen teuren Preis erkauft worden. Darum verherrlicht und traget Gott in eurem Leibe» (1 Kor. 6, 20). Wenn alle das tun, dann werden ihre Sitten ohne Zweifel ehrenhafter und würdiger, durch die sie den anderen ja als Beispiel voranleuchten müssen.

Voller Vertrauen der Hoffnung gewiss, dass diese Unsere väterlichen Mahnungen dem christlichen Volk und eurem Klerus von jedem von euch auf die angemessenst erscheinende Weise bekanntgemacht, nicht nur mit bereitem Herzen, sondern auch mit tätiger Freude aufgenommen, ihre heilsame Verwirklichung erfahren, erteilen Wir euch als Verheissung göttlicher Gnaden und als Unterpfand Unseres besonderen Wohlwollens, allen zusammen und jedem einzelnen wie auch den euch anvertrauten Herden und namentlich jenen, die diesen Unseren Wünschen fromm und eifrig im Geiste entsprechen, mit überströmender Liebe den Apostolischen Segen.

† Johannes XXIII.

## VATER, RÄCHE DAS BLUT DEINES SOHNES

Himmlischer Vater, schau, wie sie Deinen Sohn blutig geschlagen haben! Im Ölgarten hat ihn die Angst und die Schuld aller Menschen zermalmt und er hat Blut geschwitzt. Pilatus liess ihn blutig geisseln, bis seine Haut zerfetzt war. Die rohen Landsknechte stiessen ihm eine Dornenkrone aufs Haupt, dass sein Blut herunterrann.
Die Via Dolorosa ist bedeckt mit seinen Blutspuren. Am Kreuz floss sein Blut aus den Wunden und zuletzt durchbohrte Longinus mit der Lanze sein Herz.
Vater im Himmel, Du bist allmächtig!
Du siehst, wie Dein Sohn bis zum letzten Blutstropfen für uns verblutet ist und Du rächst ihn nicht, wie jeder Vater seinen Sohn rächen würde?
Mehr denn je wird Jesus auch heute verhöhnt, verspottet, geschlagen, zerfetzt und wieder rufen sie: «Sein Blut komme über uns und unsere Kinder!»
Wir bitten Dich, erhöre das Gebet Deines Sohnes: «Vater, vergib ihnen, denn sie wissen nicht, was sie tun!»
Räche Deinen Sohn, indem Du die Menschen zur Einsicht bringst, wie den römischen Hauptmann unter dem Kreuz;
indem Du sie bekehrst, wie den Schächer zu seiner Rechten;
indem Du uns, wie dem Josef von Arimathäa, hilfst, die Menschenfurcht zu überwinden;
indem Du unsere Liebe zu einem Weltbrand entzündest, wie die Liebe des Johannes;
indem Du uns stark und fruchtbar machst wie Maria, die unter dem Kreuz zur Mutter aller Menschen wurde.

Arnold Guillet

Allmächtiger, ewiger Gott, Du hast Deinen eingeborenen Sohn zum Erlöser der Welt eingesetzt und wolltest durch Sein Blut Dich versöhnen lassen; so lass uns denn, wir bitten Dich, den Lösepreis unseres Heiles in festlicher Feier verehren und durch seine Kraft vor den Leiden dieses Lebens auf Erden beschirmt werden, so dass wir uns im Himmel ewig seiner Frucht erfreuen dürfen. Durch ihn, unsern Herrn Jesus Christus, Deinen Sohn, der mit Dir lebt und regiert in der Einheit des Heiligen Geistes, Gott von Ewigkeit zu Ewigkeit. Amen.

Zur Opferung des Kelches beim heiligen Messopfer:
Wir opfern Dir, o Herr, den Kelch des Heiles und flehen Deine Milde an: lass ihn uns zum Segen und der ganzen Welt zum Heile wie lieblichen Wohlgeruch vor das Angesicht Deiner göttlichen Majestät emporsteigen.
Lass, o Herr, die Aufopferung des Kostbaren Blutes den ganzen Erdkreis mit einem goldenen Band umschlingen, damit das göttliche Herz Jesu triumphiere, damit das unbefleckte Herz Mariae triumphiere, damit das Reich Christi über die ganze Erde ausgebreitet werde. Amen.

Ewiger Vater, Heiliger Dreieiniger Gott, durch das unbefleckte Herz Mariae opfern wir Dir das Kostbarste Blut unseres Herrn Jesus Christus auf, zur Sühne für unsere Sünden, für die Anliegen der heiligen Kirche und für die Armen Seelen im Fegfeuer.
Durch das Kostbare Blut Jesu erlöse, himmlischer Vater, unsere Verstorbenen und lass sie durch Deine heiligen Engel heimholen in die ewige Liebe. Liebe Mutter Maria, du Trösterin der Armen Seelen, giesse über sie aus den Kelch deines Sohnes! Lass ihre brennende schmerzliche Gottessehnsucht recht bald erfüllt werden. — Dieses Wasser und das Kostbare Blut komme allen Seelen zugut.

Beim heiligen Messopfer am 1. Juli betet die Kirche: «Sein Blut werde uns zum Quell, der fortströmt ins ewige Leben.»
Aufopferungsformel: Mein Gott, durch unsere Leben vereint mit den blutenden und triumphierenden Wunden, öffne allen Dein Reich.

## STOSSGEBETE

Gnade und Erbarmen, o mein Jesus, in den gegenwärtigen Gefahren; bedecke uns mit Deinem Kostbaren Blute. Amen.

Ewiger Vater, erzeige uns Barmherzigkeit durch das Blut Jesu Christi, Deines vielgeliebten Sohnes; erzeige uns Barmherzigkeit, wir beschwören Dich darum. Amen.

Mein Jesus, Verzeihung und Barmherzigkeit durch die Verdienste Deiner heiligen Wunden (Teilablass).

Ewiger Vater, ich opfere Dir die Wunden unseres Herrn Jesus Christus auf, um die Wunden unserer Seelen zu heilen (Teilablass).

Gelobt und gepriesen sei das heiligste Herz und das Kostbare Blut Jesu im heiligsten Sakrament! (Teilablass).

O Jesus, rette durch Dein heilig Blut
Die Armen Seelen aus der Feuersglut!

Ewiger Vater, ich opfere Dir auf das Kostbare Blut Jesu Christi zur Genugtuung für meine Sünden, für die Anliegen der heiligen Kirche und zum Troste der Armen Seelen.

O du Lamm Gottes, das du hinwegnimmst die Sünden der Welt, erbarme dich unser.

## GEBET FÜR DIE PRIESTER

O Jesus, ewiger Hoherpriester! Bewahre Deine Priester im Schutze Deines heiligsten Herzens, damit niemand ihnen schaden kann! Bewahre unbefleckt ihre gesalbten Hände, die täglich Deinen heiligen Leib berühren, bewahre rein die Lippen, die gerötet sind von Deinem Kostbaren Blute, bewahre rein ihre Herzen, die gesiegelt sind mit dem Zeichen Deines Priestertums.

Lass sie wachsen in der Liebe und Treue zu Dir und schütze sie vor der Ansteckung der Welt. Segne ihre Arbeiten mit reicher Frucht und schenke ihnen dereinst die Krone des ewigen Lebens. Amen.

## ABLASSGEBET FÜR DIE STERBENDEN

Jesus, der Du die Seelen so innig liebst, ich bitte und beschwöre Dich durch den Todeskampf Deines heiligsten Herzens und die Schmerzen Deiner heiligsten Mutter, reinige in Deinem Blute alle Sünder der ganzen Welt, die jetzt im Todeskampf liegen und heute noch sterben werden.

Göttliches Herz Jesu, das Du die Todesangst erlitten hast, erbarme Dich der Sterbenden. Amen.

Drei Ave Maria (Teilablass).

## AUFOPFERUNG

Himmlischer Vater, durch das unbefleckte, schwertdurchbohrte Herz Mariens opfere ich Dir das Kostbare Blut und die Wunden Jesu Christi auf, dass die Mutter die Macht des Satans zerstöre und mit dem Erzengel Michael und allen Engeln die bösen Geister vertreibe und alle ihre Werke und Pläne vernichte, besonders jetzt in dieser Stunde und besonders in unserem Vaterland. (Aus: «Die Armee vom Kostbaren Blut».)

## GEBET ZU UNSERER LIEBEN FRAU VOM KOSTBAREN BLUT

O Königin des Weltalls und unsere liebe Mutter.
In dir und durch dich preisen wir das wunderbare Geheimnis des Blutes Jesu, die grosse Versöhnungsmacht. Im strahlenden Glanze deiner unbefleckten Empfängnis hast du an dem herrlichen Sieg des Blutes unserer Erlösung mitgewirkt, bist neben Jesus, dem Erlöser, Miterlöserin und Mutter der Menschen geworden. In diesem Glanze des Triumphes deines makellosen Herzens wurdest du von Gott zur Mittlerin aller Gnaden erkoren.
Schreibe mit diesem glorreichen Blut unsere Namen in das Buch des Lebens ein, damit wir, als seine Verehrer hier auf Erden, dereinst mit dir und allen Auserwählten dieses Kostbare Blut in der ewigen Herrlichkeit preisen dürfen. Amen.

## ANDACHT ZU DEN HEILIGEN FÜNF WUNDEN

V: Einer der Soldaten öffnete die Seite Jesu, und sogleich floss Blut und Wasser heraus (Jo. 19, 34). Dazu sagt der heilige Augustinus: Als Christus am Kreuz entschlief, sollte aus seiner Seite die Kirche entstehen, denn aus seinem von der Lanze durchbohrten Herzen sind die Sakramente der Kirche geflossen.

A: Herr, aus der heiligen Wunde Deiner Seite
haben wir alle empfangen, Gnade über Gnade.

V. Siehe, die Seite des Bräutigams ist geöffnet,
und die Braut ist daraus hervorgegangen,
die heilige Kirche.

A: Herr, aus der heiligen Wunde Deiner Seite
haben wir alle empfangen, Gnade über Gnade.

V: Aus Deiner durchbohrten Seite, o Jesus, floss Blut und Wasser heraus, der Strom des Erbarmens und der Gnade, die Sakramente deiner heiligen Kirche.

A: Herr, aus der heiligen Wunde Deiner Seite
haben wir alle empfangen, Gnade über Gnade.

V: Anbetung und Ehre sei Dir, Herr Jesus Christus,
gegenwärtig im heiligsten Sakrament.

A: Lob und Preis der verklärten Wunde
Deiner heiligen Seite und dem Kostbaren Blut,
das Du zu unserem Heil vergossen hast.
Ewige Ruhe den Armen Seelen.

V: Herr Jesus Christus, in den Strömen von Wasser und Blut gabst Du der Kirche das Leben. So wurde sie Deine Braut und wahrhaft die Mutter der erlösten Menschen. Wir danken Dir, dass Du im Wasser der Taufe und im Blut der Eucharistie uns Dein göttliches Leben schenkst. Wir danken Dir, dass Du uns geliebt und Dich für uns dahingegeben hast, um uns zu Heiligen und zu Gliedern Deiner Kirche zu machen. Wir bitten Dich für alle, denen die Kirche noch nicht Mutter ist. Rufe, o Herr, die Menschen aus allen Stämmen, Sprachen, Völkern und Nationen und lass sie teilnehmen an Deinem Königreich, in dem Du lebst und herrschest von Ewigkeit zu Ewigkeit. Amen.

V: Lasset uns anrufen den Herrn, dass er uns durch seine glorreichen Wunden und sein kostbares Blut heilige, stärke und behüte zum ewigen Leben.

A. Amen.

## LITANEI ZUM KOSTBAREN BLUTE UNSERES HERRN JESUS CHRISTUS

(für öffentlichen und privaten Gebrauch)

Herr, erbarme Dich unser
Christus, erbarme Dich unser
Herr, erbarme Dich unser
Christus, höre uns
Christus, erhöre uns
Gott Vater vom Himmel, erbarme Dich unser
Gott Sohn, Erlöser der Welt,
Gott Heiliger Geist,
Heilige Dreifaltigkeit, ein einiger Gott,
Blut Christi, des Eingeborenen des
    ewigen Vaters, rette uns
Blut Christi, des fleischgewordenen Wortes Gottes,
Blut Christi, des Neuen und ewigen Bundes,
Blut Christi, das in der Todesangst zur Erde rann,
Blut Christi, das bei der Geisselung herabfloss,
Blut Christi, das bei der Dornenkrönung hervorbrach,
Blut Christi, das am Kreuze vergossen wurde,
Blut Christi, Lösepreis unseres Heiles,
Blut Christi, ohne das es keine Vergebung gibt,
Blut Christi, in der Eucharistie Trank und
    Bad der Seelen,
Blut Christi, Strom des Erbarmens,
Blut Christi, Sieg über die Dämonen,
Blut Christi, Stärke der Martyrer,
Blut Christi, Kraft der Bekenner,
Blut Christi, das Jungfrauen schafft,
Blut Christi, Halt der Gefährdeten,
Blut Christi, Hilfe der Arbeitenden,
Blut Christi, Tröstung der Weinenden,
Blut Christi, Hoffnung der Büssenden,
Blut Christi, Trost der Sterbenden,
Blut Christi, Friede und Freude der Herzen,

Blut Christi, Unterpfand des ewigen Lebens,
Blut Christi, das Du die Seelen aus dem
Reinigungsorte befreiest,
Blut Christi, alles Ruhmes und aller Ehre
überaus würdig,

Lamm Gottes, Du nimmst hinweg die Sünden der Welt,
verschone uns, o Herr.

Lamm Gottes, Du nimmst hinweg die Sünden der Welt,
erhöre uns, o Herr.

Lamm Gottes, Du nimmst hinweg die Sünden der Welt,
erbarme Dich unser.

V: Du hast uns erlöst, Herr, in Deinem Blute,
A: Hast uns zu einem Königreich gemacht für
unsern Gott.
V: Lasset uns beten:
Allmächtiger, ewiger Gott, Du hast Deinen eingeborenen Sohn zum Erlöser der Welt eingesetzt und wolltest Dich durch sein Blut versöhnen lassen; so lass uns denn, wir bitten Dich, den Lösepreis unseres Heiles verehren und durch seine Kraft von den Leiden dieses Lebens beschirmt werden auf Erden, so dass wir uns im Himmel ewig seiner Frucht erfreuen dürfen. Durch Christus, unsern Herrn. Amen.

Papst Johannes XXIII.

# STELLUNGNAHME ZUM BLUTWUNDER STICH MARIA-RAIN

## Nachwort des Herausgebers

Bald nach dem Blutwunder in Stich weilte Pfarrer Josef Leutenegger in Stein am Rhein zur Aushilfe und der Herausgeber erfuhr damals anlässlich einer Unterredung unter vier Augen im Pfarrhaus Stein am Rhein erstmals von diesem Wunder und er hatte auch Gelegenheit, das Corporale von Stich mit den Blutflecken zu sehen und in den Händen zu halten; er konnte auch Einblick in die Akten nehmen, vor allem was die Unterschriften der Augenzeugen und den Bericht über die Labor-Untersuchung des Zürcher Kantonsspitals betrifft. Der Herausgeber gab damals Pfarrer Leutenegger den Rat, noch ein weiteres wissenschaftliches Gutachten erstellen zu lassen, was er daraufhin in Sursee auch tat. Es sei dies nur deshalb erwähnt, um zu zeigen, dass wir mit der nötigen verlegerischen Verantwortung an die Publikation dieses Buches herangetreten sind. Josef Leutenegger war der Pfarrer unseres Bischofs und, soweit wir ihn kennen, ein absolut integrer Priester und echter Mann Gottes.

Am 28. April 1975 schrieb uns das Bischöfliche Ordinariat Solothurn: «Gemäss Dekret der Glaubens-Kongregation vom 19. März 1975 sind Literaturerzeugnisse in der Art des oben genannten Buches der Zensurpflicht nicht mehr unterstellt.» Im gleichen Schreiben wurde beanstandet, dass wir im Kapitel über das Blutwunder von Maria-Rain das negative Urteil des Bischöflichen Ordinariates Augsburg verschwiegen hätten, welches am 16. April 1973 im Amtsblatt der Diözese Augsburg veröffentlicht worden war und worin die Meinung vertreten wurde, dass ein fachmännischer Untersuch des benützten Kelches ergeben hätte, dass sich an der Aussenseite der porösen Kelchkuppe ein gekrümmter Haarriss von zirka 12 mm Länge befunden hätte. Dieses Urteil war uns zwar bekannt, doch wollten wir in unserem Buch nur eine sachliche Darstellung des Falles und keine Polemik bringen. Das Schreiben aus Solothurn veranlasst uns nun doch zu einer Stellungnahme. Pfarrer Josef Leutenegger, der das Blutwunder als zelebrierender Priester und somit als Hauptaugenzeuge miterlebt hat, hat zum Urteil von Augsburg eine zehn Seiten umfassende Stellungnahme verfasst, aus der wir folgende Abschnitte zitieren:

1. *Laut vorliegender Rechnung vom 8. Mai 1969 von Goldschmied Hummel in Kaufbeuren wurde der Kelch neu hergerichtet und frisch vergoldet an die Kapellenverwaltung Stich abgegeben. Der Kelch aber rann weder vor der Neuvergoldung noch unmittelbar nachher. Wir gebrauchten diesen Kelch schon 1968, als wir den Pfarrer von Maria Rain vertraten, der in den Ferien war, so im Dezember 1968 um Maria Empfängnis herum. Dann wieder im Juni 1969, als wir den Herrn Pfarrer volle drei Wochen vertraten, als er im Krankenhaus in München lag. Vom Rinnen des Kelches keine Spur. Und warum funktionierte der Haarriss in den Monaten Januar, Februar, März, April und Mai 1970 nicht, als wir in Maria Rain die Seelsorge für den schwer erkrankten Pfarrer ausübten? Jeden Monat zelebrierten wir dort turnusgemäss die heilige Messe. Warum denn gerade im Herz-Jesu- und Heiligblutmonat? Offenbar war damals der Kelch völlig intakt und es ist unglaubhaft, dass ein Goldschmiedmeister und dazu noch bei der bekannten deutschen handwerklichen Tüchtigkeit bei der Neuvergoldung einen solchen Defekt übersehen konnte. Wie konnte sich in der Zeit vom Mai 1969 bis Juni 1970 in der Kelchkuppe ein Haarriss bilden, da wir den Kelch monatlich nur einmal gebrauchten und nach dem Gebrauch sofort wieder im Kelchetui versorgten? Hat am Ende eine böswillige Hand diesen Riss später verursacht, was eine Leichtigkeit war. Man brauchte den Kelch nur auseinanderzuschrauben und die Kelchkuppe auf den Boden fallen zu lassen oder auch zu werfen und der Riss war da.*
2. *Wie kam es, dass sich an beiden Messetagen Flecken ausserhalb des Kelchrandes bildeten, die nicht die geringste Verbindung mit den Flecken hatten, die unter dem Kelchfuss waren? — So war am 9. Juni unsere erste Wahrnehmung ein zirka eine Mark grosser Flecken etwa 2 cm vom Kelchfussrand entfernt.*
   *Am 14. Juli entstanden vier völlig von einander unabhängige Flecken, alle scharf gerandet in ovaler Form in der Grösse von 2mal 1,7 cm, 3mal 2,7 cm, 4mal 5 und 3mal 3 cm. Alle Flecken waren 2—5 cm von einander entfernt. Die Entfernung der*

*beiden äusseren Flecken an den Rändern gemessen betrug 19 cm.*
*Während die Flecken vom 9. Juni eine Gruppe bildeten, liegen die Flecken vom 14. Juli in fast gerader Linie nebeneinander.*

3. *Wo mag ferner die Ursache liegen, dass am 14. Juli in drei Flecken deutlich sichtbare Kreuzchen zu sehen waren, die von den Messbesuchern sofort wahrgenommen wurden? Am auffallendsten war, dass die Flecken auf dem Tüchlein, das unter dem Korporale war, nicht oval, sondern rund waren und auf einem Flecken, der die Grösse einer Messhostie hatte, ein grosses Kreuz zu sehen war, das noch am 15. Juli, nachmittags, auffallend sichtbar war und geradezu hervorstach?*
4. *Wie ist es zu erklären, dass «etliche Tropfen», wie das Amtsblatt bemerkt, zwischen Opferung und Kommunion — am 9. Juni waren die Flecken schon kurz nach der heiligen Wandlung zu sehen — soviele und so grosse Flecken bilden konnten und dazu noch scharf abgegrenzt und im ganzen vier Tücher durchdringen konnten? Zu dieser Durchtränkung hätte er den ganzen geringen Kelchinhalt benötigt. Man hielt uns im Stich und Maria Rain punkto Messwein immer sehr knapp. Bis nur ein einziger Tropfen sich den Weg via Kelchmutterschraube den Weg aufs Korporale gebahnt hätte, wäre die heilige Messe zu Ende gewesen.*
5. *Wenn aus dem Haarriss überhaupt Flüssigkeit entweichen konnte, was von verschiedener Seite bezweifelt wird, und zwar tropfenweise, dann hätten diese Tröpflein so ziemlich die gleiche Bahn im Kelchfussinnern auf das Korporale genommen und nur einen einzigen Fleck gebildet und zwar am Kelchfussrande und dazu einen randlosen. Ausrinnender Wein, sei er konsekriert oder nicht konsekriert, verläuft randlos, wie wir das selber festgestellt haben, als wir Tags darauf vom gleichen Messwein, den wir bei der heiligen Messe gebrauchten, zur Probe am Rande des Korporales hingossen, was heute noch klar sichtbar ist auf dem Korporale.*
6. *Hätte es sich ferner um ausrinnende Tropfen gehandelt, so hätten wir das unbedingt wahrnehmen müssen, als wir beim «Per ipsum» den Kelch hoben, die Flecken erblickten und etwas erschrocken den ganzen Kelchfuss abtasteten in der momentanen Auffassung der Kelch habe geronnen. Von einer Feuchtigkeit oder Nässe war keine Spur. Der ganze Kelchfussrand war vollkommen trocken und der Kelchinhalt völlig intakt.*
7. *Das Amtsblatt schreibt, dass sich der Haarriss an der Aussenseite der Kelchkuppe gezeigt habe. Warum rann dann die Flüssigkeit nicht an der Aussenseite des Kelches herunter? Warum auf der Innenseite. Offenbar weil sich dort die «angerostete» Schraubenmutter befand, die man zur Konstruktion der Rostflecken benötigte. Fraglich ist es auch, ob eine so kleine angerostete Schraubenmutter soviel Rost abgeben konnte, dass es zur gleichmässigen Bildung sovieler Flecken genügte und das durch vier Tücher hindurch?*
8. *Ferner bemerkt das Amtsblatt, dass der Haarriss bei der*

*Abendmesse nicht zu erkennen gewesen sei. Dann muss er aber wirklich ausserordentlich dünn gewesen sein. Es war aber sowohl am 9. Juni wie am 14. Juli noch hellichter Tag als wir abends etwa um 19.30 Uhr die Sakristei betraten. Und wir haben den Kelch besonders am 14. Juli gründlich angeschaut und nicht die geringste Spur von einem Riss bemerkt. Die gründliche Inspektion des Kelches war für uns eine Gewissenssache. Wir konnten doch nicht riskieren und es auch nicht verantworten, mit einem eventuell defekten Kelch das heilige Messopfer darzubringen. Dieser Riss muss erst nach dem 14. Juli entstanden sein.*

9. *Sehr wenig Glauben schenken wir der Behauptung, dass die Kelchkuppe porös gewesen sei. Wir kennen uns in den Metallsorten nicht aus, fragen uns aber, ob es denkbar sei, dass ein Goldschmied für eine so wichtige Sache wie das ein Messkelch ist, poröses, also schadhaftes Metall benützt? Dann wäre er nicht bloss ein handwerklicher Pfuscher, sondern gewissenlos dazu. Wäre die Kelchkuppe tatsächlich porös gewesen, dann hätten sich die Poren bei der Neuvergoldung, sei es galvanische oder Feuervergoldung, geschlossen, indem das flüssige Gold in die Poren hineingedrungen wäre und diese verpicht hätten, was uns selbst ein Goldschmied bestätigte.*
   *Die ganze Haarrissgeschichte ist äusserst dubios und wir können ihr absolut keinen Glauben schenken.*
10. *Das Auffälligste und zugleich Bedenklichste an der Verlautbarung des bischöflichen Ordinariates Augsburg ist die totale Unterschlagung der Laboruntersuche in Zürich und Sursee.*
   *Anfangs Juli 1970 legten wir der Polyklinik der Universität Zürich das Korporale vom 9. Juni zur Untersuchung der Flekken vor. Der Untersuch geschah in vier von einander unabhängigen Labors. Kein Labor wusste um die Entstehung der Flecken. Alle Laborbefunde lauteten: Es handelt sich um Blut und zwar menschliches Blut. (Attest vom 27. Juli 1970).*
   *Am 3. August legten wir persönlich das Korporale vom 14. Juli dem Labor des Bezirksspitales Sursee zur Prüfung vor. Wir hatten damals in der Nähe eine Aushilfsstelle. Auch da wusste man nichts von der Herkunft der Flecken. Der Befund lautete: Es handelt sich um Blutflecken. (Attest vom 3. August 1970).*
   *Diese Untersuche und deren Befunde erwähnt die Verlautbarung des bischöflichen Ordinariates Augsburg mit keinem Worte, übergeht sie völlig und das ist doch das Wesentliche an der Sache: Welcher Art sind diese Flecken? Blutflecken oder andere Flecken? Wenn es sich aber nach den Laborbefunden um Blutflecken handelt, dann die Frage: Woher das Blut?*
   *Auf alle diese Fragen, die dem Ordinariat Augsburg von verschiedenen Seiten gestellt wurden, verweigerte es bisher jede Auskunft.*

*Soweit die Stellungnahme von Pfarrer Leutenegger.*

Im Reich Gottes gibt es nur ein Kriterium, das der Herr uns selbst angegeben hat: An ihren Früchten werdet ihr sie erkennen.
Am Abend des 6. Mai 1975, als die Meldung vom Tode des Kardinals Josef Mindszenty die Runde um die Welt machte, als wir eben im Begriff waren, den obigen Nachtrag in die Druckerei abzusenden, rief Pfarrer Leutenegger an und gab uns Kenntnis vom nachfolgenden Brief, der Bände spricht, handelt es sich doch um ein Faktum, das jedermann, der Interesse hat, nachprüfen kann.
Der Brief lautet: *Mühlenreute, den 2. Mai 1975*

*Hochwürden Herrn Josef Leutenegger, Pfarrer, CH-9202 Gossau/SG*

*Hochwürdiger Herr Pfarrer,*

*Ein «Danket dem Herrn» möchten wir Ihnen, Hochwürdiger Herr Pfarrer, mit diesem Brief zurufen, denn unser todkrankes, von allen Ärzten aufgegebenes Kind ist durch das Kostbare Blut Jesu Christi wieder so gut, dass es trotz schwerer Kopfoperation überhaupt keine Schmerzen mehr hat, auch kann es wieder regelmässig den Schulunterricht besuchen. Es ist der neunjährige Junge, den wir im Oktober 1973 zu Ihnen nach Engeratshofen gebracht hatten. Er hatte einen bösartigen Tumor im Kleingehirn. Zwei Monate vorher wurde er noch in Stuttgart operiert und die furchtbare Nachricht lautete: Unheilbar, das Kind muss bald sterben. Das Kind wurde dann auch von Tag zu Tag elender. Es konnte nichts mehr essen, musste alles gleich wieder brechen. Die Schwestern sagten uns, es könne vielleicht nur noch Tage gehen. In unserer grossen Verzweiflung hörten wir von dem Blutwunder, das Sie, Hochwürdiger Herr Pfarrer, selbst erleben durften. Ein guter Nachbar hat sich sofort bereit erklärt und ist mit uns und unserem kranken Kind zu Ihnen nach Engeratshofen gefahren. Nie werden wir diese Minuten vergessen, da Sie unserem Kind das mit dem Kostbaren Blut getränkte Altartuch auf den Kopf legten und den lieben Herrgott ganz innig um die Heilung für dieses kranke Kind baten. Wir durften es dann nochmals an den folgenden zwei Sonntagen zu Ihnen bringen und das grosse Wunder ist geschehen. Letzte Woche musste ich mit ihm zur Nachuntersuchung und die Ärzte können keine Krankheit mehr feststellen.*
*Viel tausendmal «Vergeltsgott» möchten Ihnen, Hochwürdiger Herr Pfarrer, die dankbaren Eltern sagen.*

*Es grüsst Sie in grosser Dankbarkeit*

*Familie Anton und Maria Moosmann*
*D-7981 Mühlenreute bei Schlier über Ravensburg*

Am 8. Juni 1975 riet uns ein deutscher Priester in Zürich, die vorliegende Stellungnahme dem Bischöflichen Ordinariat vorzulegen. Am 9. Juni schrieb ich an das Bischöfliche Ordinariat Augsburg:

*«... Obwohl das Werk praktisch ausgedruckt ist und wir aus diversen Gründen stark im Rückstand sind, versprach ich Dr. X. Y., im Interesse der Wahrheit seinen Wunsch zu erfüllen: Wenn Sie mir innert acht Tagen glaubhaft beweisen, dass im Fall Maria-Rain ein Betrug vorliegt, werde ich das betreffende Kapitel und die Stellungnahme dazu einstampfen lassen. Nachdem Sie ja zum Fall amtlich Stellung genommen haben, darf ich voraussetzen, dass Sie im Besitz aller Unterlagen und des entsprechenden Beweismaterials sind ... Nachdem ich über diese Dinge aus erster Quelle weiss, bin ich als verantwortlicher Verleger im Gewissen verpflichtet, für sie Zeugnis abzulegen. Ich habe den Fall unvoreingenommen geprüft und mich nach viel Gebet zur Publikation entschlossen, es sei denn, dass Sie die Fakten in der angegebenen Frist widerlegen können. Sollten Ihre Gegenbeweise nicht oder zu wenig stichhaltig sein, bin ich der Meinung, dass der Bericht erscheinen soll nach der alten Praxis der Kirche in solchen Fällen und nach dem Rat des Gamaliel: Ist das Werk von Gott, wird es bestehen bleiben, ist es nicht von Gott, wird es verschwinden.»*

*Im Antwortschreiben des Bischöflichen Ordinariates Augsburg vom 13. Juni 1975 wird betont, dass die Kommission alles in grösster Sorgfalt untersucht und nichts unberücksichtigt gelassen habe und dass kein Anlass bestehe, die amtliche Verlautbarung zu ändern. Dann wird es «als Sorgfaltspflicht unseres Verlages erachtet, klar zum Ausdruck zu bringen, dass nach dem Urteil des Bischöflichen Ordinariates Augsburg (veröffentlicht im Amtsblatt für die Diözese Augsburg vom 16. April 1973, Nr. 6 / S. 97—99) die Ereignisse in Stich Maria-Rain keinen übernatürlich zu erklärenden Vorgang im Sinne eines ‚eventus sensibilis, praeter communem corsum naturae, divinitus factus' darstellen. An unserer Feststellung ändert sich auch nichts durch das im ‚Nachwort des Herausgebers' berichtete ‚Heilungswunder', das — vorausgesetzt, dass es als ‚echt' nach den Normen der diesbezüglichen kirchenamtlichen Praxis erwiesen ist — auf verschiedene übernatürliche Gründe zurückgeführt werden kann, die kein Beweis für den übernatürlichen Charakter der Vorgänge in Stich Maria-Rain sind.»*

*Nachdem wir hiermit der von Augsburg gewünschten Sorgfaltspflicht nachgekommen sind und Augsburg keinen Gegenbeweis lieferte, haben wir keinen Grund, das Buch einzustampfen. Gemäss dem Dekret Urbans VIII. unterwerfen wir uns einer allfälligen späteren Entscheidung Roms in dieser Sache und überlassen alles getrost der Göttlichen Vorsehung.*

*Arnold Guillet*

*Dreifaltigkeitskapelle Stich bei Maria Rain*

*Wie man diesem Buche entnehmen kann, gab es in allen Jahrhunderten sogenannte eucharistische Blutwunder, besonders dann, wenn Priester an der Realpräsenz Christi im Altarssakrament zweifelten. In Deutschland gab es nach dem Krieg zwei Blutwunder, dasjenige von Rodalben in der Rheinpfalz im Jahre 1952 mit P. Gebhard Heyder OCD und dasjenige von Maria Rain im Allgäu mit dem Schweizer Pfarrer Josef Leutenegger im Jahre 1970. Von P. Heyder erschien die Schrift «Zeichen Gottes» (64 Seiten) und von Josef Leutenegger «Das Blutwunder von Maria Rain». Pfarrer Leutenegger war ein grosser Verehrer des Kostbaren Blutes, und es kam sicher nicht von ungefähr, dass er ausgerechnet am Fest des Kostbaren Blutes, am 31. Juli 1982, an der Ostseite der grossen Pfarrkirche St. Andreas in Gossau, 8 km westlich von St. Gallen, beigesetzt wurde. Seine grösste Gnadenstunde war das Blutwunder, das er am 9. Juni und am 14. Juli 1970 in der Dreifaltigkeitskapelle Stich bei Maria Rain erleben durfte.*

Maria Rain: Josef Leutenegger (links) bei seiner Pfarrinstallation in Basadingen zusammen mit seinem Dekan Johann Brühwiler (1862—1938), damals Pfarrer von Steckborn am Bodensee.

*Maria Rain: Für Pfarrer Josef Leutenegger, dem würdigen Priestergreis, dem die Verehrung der Heiligen Eucharistie das brennenste Herzensanliegen war, musste das Blutwunder in Maria Rain ein Ereignis gewesen sein wie etwa die Darstellung Jesu im Tempel für den greisen Simeon. Die Bulle QUO PRIMUM des heiligen Papstes Pius V., in welcher nach dem Konzil von Trient der Ritus der heiligen Messe für alle Zeiten festgelegt wurde, datiert vom 14. Juli 1570. Das zweite Blutwunder in Maria Rain ereignete sich am 14. Juli 1970, also auf den Tag genau 400 Jahre nach jener historischen päpstlichen Bulle. Gebe Gott, dass wir den Sinn dieser Wunder und Zeichen recht verstehen und deuten.*

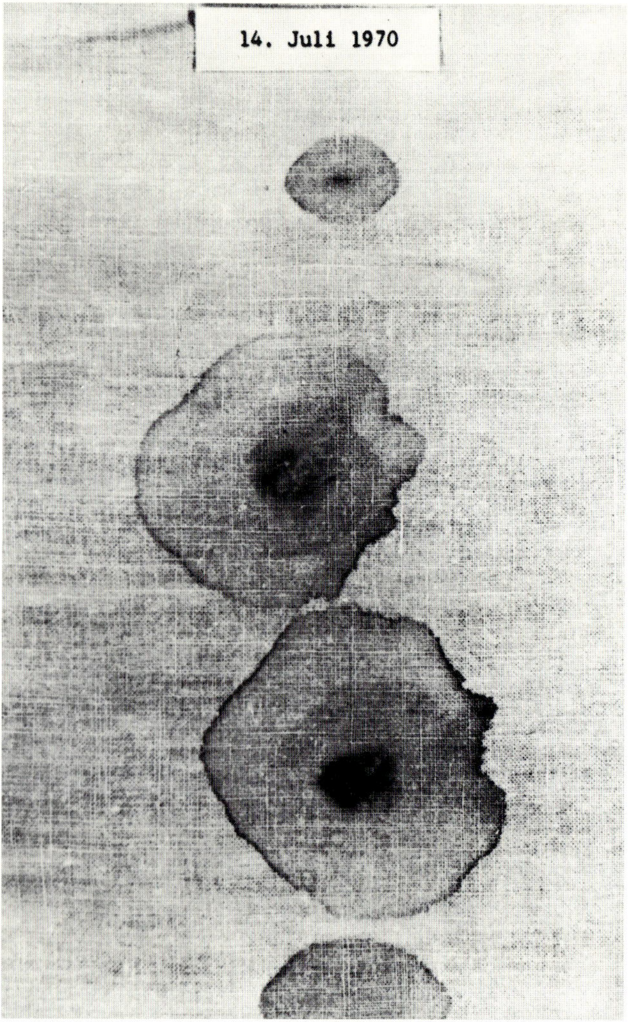


Maria Rain: Die ursprüngliche Form der mittleren Flecken war ebenfalls oval, wie jene der beiden äusseren Flecken. Beim chemischen Untersuch veränderten sie sich und nahmen die jetzige Form an.

# Gebet des heiligen Benedikt Josef Labre

Jesus Christus, der König der Herrlichkeit, ist im Frieden gekommen. Gott ist Mensch geworden. Das Wort ist Fleisch geworden. Christus ist aus Maria, der Jungfrau, geboren. Christus schritt im Frieden durch die Welt. Christus ist gestorben. Christus ist begraben worden. Christus ist auferstanden. Christus ist in den Himmel aufgefahren. Christus siegt. Christus herrscht. Christus beschützt uns vor allem Übel. Christus ist mit uns. Vater unser . . . Gegrüsset seist du, Maria . . . Ehre sei . . .

1. Ewiger Vater! Erweise uns Barmherzigkeit um des Blutes Jesu willen. Bezeichne uns mit dem Blute deines unbefleckten Lammes Jesus Christus, gleichwie du dein Volk Israel bezeichnet hast, um es von dem Tode zu befreien. Und du, Maria, Mutter der Barmherzigkeit, besänftige Gott für uns und erwirb uns die Gnade, um die wir zu dir flehen. Ehre sei . . .

2. Ewiger Vater! Erweise uns Barmherzigkeit um des Blutes Jesu willen. Errette uns aus dem Schiffbruch der Welt, gleichwie du Noe aus der Sintflut errettet hast. Und du, Maria, Arche des Heiles, erwirb uns die Gnade, um die wir zu dir flehen. Ehre sei . . .

3. Ewiger Vater! Erweise uns Barmherzigkeit um des Blutes Jesu willen. Befreie uns von den verdienten Strafen, gleich wie du Lot aus dem brennenden Sodom befreit hast. Und du, Maria, unsere Fürsprecherin, besänftige Gott für uns und erwirb uns die Gnade, um die wir zu dir flehen. Ehre sei . . .

4. Ewiger Vater! Erweise uns Barmherzigkeit um des Blutes Jesu willen. Tröste uns in den gegenwärtigen Anliegen und Nöten, gleich wie du Job, Anna und Tobias in ihren Trübsalen getröstet hast. Und du, Maria, Trösterin der Betrübten, besänftige Gott für uns und erwirb uns die Gnade, um die wir zu dir flehen. Ehre sei . . .

5. Ewiger Vater! Erweise uns Barmherzigkeit um des Blutes Jesu willen. Du willst nicht den Tod des Sünders, sondern dass er sich bekehre und lebe. Gib uns deiner Barmherzigkeit willen Zeit zur Busse, damit wir durch Erkenntnis und Bereuung unserer Sünden, die jedes Übel verursachen, im heiligen Glauben der Hoffnung, in der Liebe und im Frieden unseres Herrn Jesus Christus leben können. Und du, Maria, Zuflucht der Sünder, besänftige Gott für uns und erwirb uns die Gnade, um die wir bitten. Ehre sei . . .

6. O kostbares Blut Jesu, unsere Liebe! Rufe bei deinem göttlichen Vater um Barmherzigkeit und Verzeihung, um Gnade und Friede für uns, (für...) und für alle. Ehre sei...

7. O Maria, unsere Mutter und unsere Hoffnung, bitte für uns, (für . . .) und alle Menschen und erwirb uns die Gnade, um die wir zu dir flehen. Ehre sei . . .

8. Ewiger Vater, ich opfere dir auf das Blut Jesu Christi zur Sühne für meine Sünden, für die Anliegen der Kirche und für die Bekehrung der Sünder. Ehre sei . . .

9. O unbefleckte Jungfrau Maria, Mutter Gottes, bitte Jesus für uns, (für . . .) und für alle Menschen. O Jesus und Maria! Erweist uns Barmherzigkeit! Ehre sei . . .

10. Heiliger Erzengel Michael, heiliger Josef, heilige Petrus und Paulus, Beschützer aller Gläubigen der Kirche Gottes, und ihr, alle Engel und Heiligen des Paradieses, bittet und flehet um Gnade und Barmherzigkeit für uns, (für . . .) und alle Menschen. Amen. Ehre sei . . .

Rodalben (Siehe Text 73—82): Der von der Ortsgeistlichkeit aufgehetzte Pöbel vor der Grotte.

Rodalben: Leute im Hause Wafzig während des Wunders.

Rodalben: P. Gebhard Heyder schaut sich die Wurfgeschosse an, die der Pöbel ins Haus Wafzig geworfen hat.

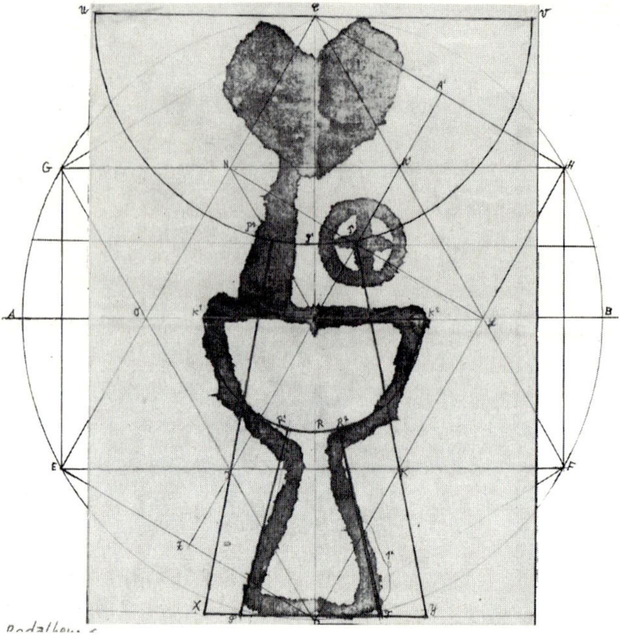


Rodalben: Das Blutzeichen im Goldenen Schnitt

Der Durchmesser des um das Blutzeichen gezogenen Kreises beträgt 27 cm. Der Radius misst 13,5 cm, ebenso die Höhe des Kelches und die Distanz Kelchrand bis Herzspitze. Das Blutzeichen entspricht den strengen Regeln des Goldenen Schnittes. Das Ergebnis des Gerichtsmedizinischen Institutes Univ. B. vom 12.11.53 lautet: «Vorhandensein von Mencheneiweiss, mit hoher Wahrscheinlichkeit von Blut. Entweder Blutgruppe 0 oder keine Blutgruppensubstanz.» Originalbericht bei Pater G. Heyer, Regensburg.

Rodalben: Annaliese Wafzig schaut nach dem Geschehen die Muttergottes.

Rodalben: Annaliese Wafzig «in der Ruhe» (15—18 Uhr), nach Erleiden der Passion Christi, kurz vor ihrem Tode. Die Foto stammt von ihrer Schwester Maria.

Das blutende Heilige Antlitz von Atripalda (Avellino), italienische Provinzhauptstadt in Kampanien.

Bluthostie von Bolsena, italienische Stadt in der Nähe von Rom. Gemälde von Raphael.

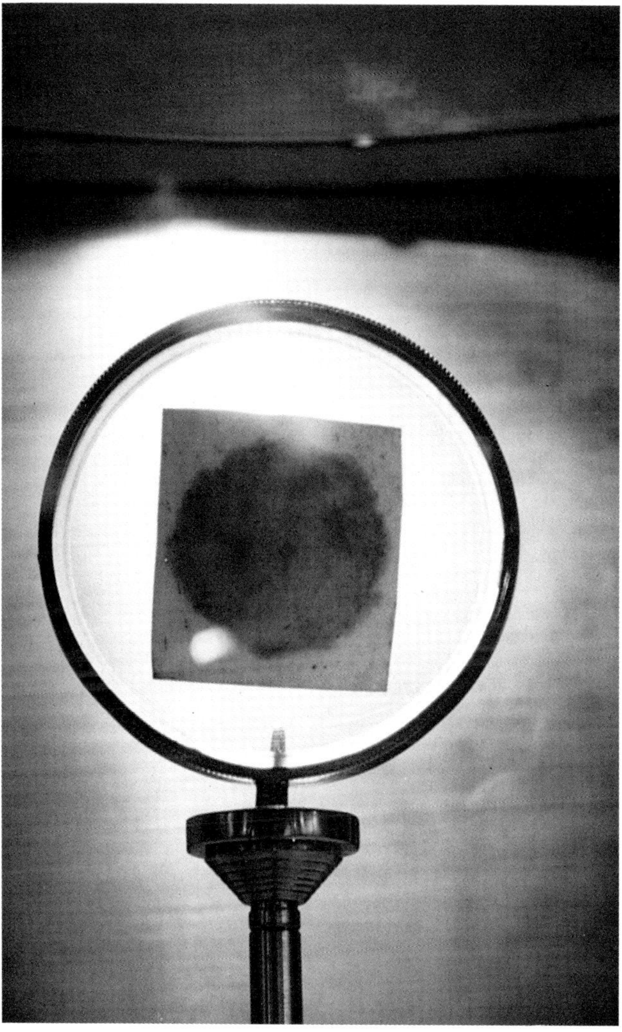

Die heilige Bluthostie in der Basilika zu Cascia,
in Umbrien, im Heiligtum der heiligen Rita.
Siehe Bericht auf Seite 108/109.

Pater Pio von Pietrelcina nach der heiligen Wandlung bei der Elevation des Kelches. So bringt er dem himmlischen Vater das vollkommene Opfer dar, das kostbare Blut seines Sohnes, das für uns vergossen wurde.